재테크로 영앤리치

재테크로 영앤리치

초판 1쇄 찍은 날 2022년 8월 16일
초판 1쇄 펴낸 날 2022년 8월 23일

지은이   이수민

펴낸이   백종민
편 집   최새미나·박나리
외서기획   강형은
디자인   임채원
마케팅   박진용·송지현
관 리   장희정

펴낸곳   주식회사 꿈결
등 록   2016년 1월 21일(제2016-000015호)
주 소   서울시 영등포구 당산로 50길 3 꿈을담는빌딩 6층
대표전화   1544-6533
팩 스   02) 749-4151
홈페이지   dreamybook.co.kr
이메일   ggumgyeol@naver.com
블로그   blog.naver.com/ggumgyeol
인스타그램   instagram.com/ggumgyeol
페이스북   facebook.com/ggumgyeol
에듀카페   cafe.naver.com/ggumgyeoledu

ⓒ 이수민

ISBN 979-11-88260-92-8 03300

재테크로 영앤리치

YOUNG
and
RICH

이수민 지음

'돈이 따라붙는 사주는 따로 있다.' 부자가 되는 사람은 날 때부터 정해져 있다는 옛말, 어릴 때부터 주변 어른들이 필자에게 공부나 열심히 하라며 해 줬던 충고다. 그래서 하라는 공부를 성심성의껏 했다. 대학에서도 학교가 가르쳐 주는 대로 열심히 배웠다. 대학 졸업 후 남들처럼 일을 시작하고 몇 년 지나니 여기에 추가되는 몇 마디 말이 더 있었다. '내가 아는 누구는 아무 생각 없이 어느 땅을, 또는 주식을, 때로는 아파트를 몇 년 전에 사 뒀는데 그게 대박이 났다더라.' 하는 말이다. 갑자기 궁금해졌다. 그 사람은 부모가 엄청난 부자도 아니고 사업으로 성공한 것도 아닌데, 어떻게 자산을 불릴 수 있었을까? 조상님이 매수 계시라도 준 걸까? 대체 그는 무슨 수로 급여라는 정해진 현금의 '파이프라인'에서 목돈을 마련해 수억 원에 달하는 자산을 사고, 또 팔아서 이득을 남길 수 있었을까? 대학에서 배웠던 맨큐의 경제학 원론은 경제를 해석하는 힘은 길러 줬을지 몰라도 투자에 성공하는 법을 알려 주지는 않았는데 말이다.

다행히 이 질문에 대한 답은 수년간 필자와 같은 생각을 했던 비슷한 처지의 사회인들을 만나며 찾을 수 있었다. 퇴근 후 남는 시간을 쪼개 자산 불리기에 열을 올리는 이들이 이렇게 많다니! 주말과 새벽 시간을 활용해 급여 외 소득을 찾아 헤매는 노력은 감탄을 자아낼 만했고, 이들의 성공을 운에 치부하기에는 엄청난 시간과 노력을 경제적 자유 확보를 위해 투입한 듯했다. 그렇다. 뭇 어른들이 금전운으로 치부했던 누군가의 성공은 오랜 투자 경험과 고민을 바탕으로 쌓아 올린 것이었다. 남이 얼핏 보고 듣기에는 그가 손에 넣은 주식이나 아파트가 맥락 없이 매수한 것으로 보일지 몰라도, 그의 투자 촉은 성공을 확실히 감지했던 것이다(정말 아무것도 모르는 사람이 도박 같은 투자를 감행해서 알부자가 됐다고 주장하고 싶은 사례가 있다면 다시 한번 그 부자를 면밀하게 관찰해 보기를 바란다). 물론 책상에 자기계발서나 경영 투자 관련 서적을 펼쳐 놓고 공부한다고 해서 무조건 투자 성공률이 올라가는 것은 절대 아니다. 자신이 운영하는 가게에서 손님과 대화를 하다가, 관심이 가는 기업에 대한 신문기사를 보다가, 혹은 부동산 투자를 열심히 해 온 지인과 친밀하게 어울리다가 성공의 기회를 포착했을 수도 있다. 돈을 버는 방법은 하늘의 별만큼이나 다양하니 말이다. 오히려 일상 속에서 쌓인 경험이 하나의 티핑포인트처럼 번뜩이는 판단으로 이어졌을 때, 좋은 결과가 나올지 모른다.

우리 사회에 널리 퍼진 수저계급론까지 굳이 가지 않더라도 날 때부터 경제적 자유를 보장받고 태어나는 사람은 극소수다. 대부분의 사람은 자신이 가진 능력과 시간을 최대한 활용해 돈이 자신을 위해 일해 주는 삶을 만들어 나갈 수밖에 없다. 중산층으로 분류되는 이들조차 급여 외에 다른 소득이 없다면 당장 오늘 일을 그만둘 경우 몇 달도 버티기 어려운 것이 사실이다. 이런 현실을 각자 다른 이유로 뼈에 사무치게 깨달은 또래 직장인들은 너나없이 경제적 자유를 목표로 삼고, 은퇴 이후의 삶이 불안하지 않도록 계획하고 있다. 그렇다면 하루의 최소 10시간 이상을 노동(또는 노동을 위한 준비)에 투여해 물리적으로 투자에 제한을 받는 평범한 사람들이 조금이라도 자산을 더 많이 모으기 위한 방법은 무엇일까.

우리가 가장 먼저 머리와 가슴에 새겨야 할 것은 노력하면 나아질 수 있다는 긍정의 마음이다. 투자의 세계는 예측이 어렵고 실패에 따른 타격이 크기에 두렵지만, 시도하지 않으면 다음 단계도 없다. 그다음은 크게 부담스럽거나 어렵지 않은 단계부터 시작하여 꾸준히 한다면 나름의 성과를 거둘 수 있다는 믿음이다. 금융 애플리케이션을 활용해 수입과 지출을 정리하는 것, 신용카드 사용법을 바꾸는 것, 적금 통장을 전략적으로 선택하는 것, 배당을 많이 주는 주식으로 포트폴리오를 조정하는 것, 내가 사는 동네의 부동산에 가끔 들러 개발 호재 소식이 없나 알아보는 것도 우리가 마음만 먹으면 쉽게 시작할 수 있는 '재테크'다. 그리고 마지막은 노동소득의 중요성을 잊으면 안 된다는 것이다. 목표는 은퇴 이후에 노동하지 않아도 배당금이나 임차인이 보내는 월세 등으로 원활한 현금 흐름이 이뤄지는 것이라고 하더라도, 현시점에서 믿을 구석은 노동소득뿐이기 때문이다. 경제적 자유에 관심이 높을수록 자신의 본업을 허투루 하면 안 된다는 투자 고수들의 조언도 동일한 맥락이다.

아울러 이 책은 노동소득을 위주로 생활을 꾸려 가는 이들, 혹은 그런 미래를 미리 대비하기 위해 재테크에 관심을 두고자 하는 학생들을 위한 기초적 수준의 교양서라는 점을 밝혀 둔다. 수백 채에 달하는 주택 보유자도, 수백억 원에 달하는 금융자산을 보유한 재테크 귀재도 아닌, 노동소득의 크기를 늘리고 여기에 추가적인 자본소득을 꾀하는 사람이 돈을 잃기도 벌기도 하면서 시도했던 기록과 잡다한 지식을 모아 둔 글이라는 점도 덧붙인다. 부디 이 소소한 정보가 독자들의 풍부한 경험과 결합해, '돈이 우리를 위해 일할 수 있는 시기'를 앞당기는 탁월한 판단으로 이어지기를 기원한다.

차 례

재테크, 현대인에게 던져진 숙제

인사이트: 미래를 예측하는 힘을 기르자

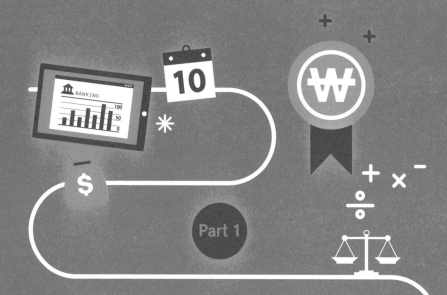

Part 1

재테크, 너는 무엇이냐

산을 옮기는 사람은 작은 돌멩이부터 옮긴다.

: 중국 속담

재테크, 현대인에게 던져진 숙제

누구나 재테크를 입에 올린다. 자본이 곧 권력인 이 시대를 살아가는 우리에게 자본, 즉 돈은 삶을 이어 나가기 위해 가장 필수적인 조건이 되었다. 돈이 있다고 행복과 건강이 보장되는 것은 결코 아니지만 어쨌든 돈이 많으면 아플 때 제대로 된 치료를 받을 수 있고, 즐거운 여행도 예산에 구애받지 않고 떠날 수 있어 행복할 것이다. 그렇기에 이 세상에 사는 대부분의 사람은 '경제적 자유'를 충족해 주는 돈을 더 벌기 위해 오늘도 노력하고 있다.

최근 나이 어린 초등학생이 부동산을 주제로 모인 단체 채팅방에 들어와, 어느 지역 어떤 아파트가 투자할 가치가 있냐고 물어봤다는 일화를 접한 적이 있다. 이는 전 국민이 부동산 투자를 포함한 다양한 방식의 재테크에 관심을 쏟고 있다는 뜻일 것이다. 하지만 막상 주위를 둘러보면 "나는 재테크에 성공했다"고 외치는 이들은 많지 않다. 고수의 반열에 든 소수를 빼면, 자신이 이렇게 돈을 벌었다고 드러내기를 꺼리는 것이 사실이기 때문이다. 심지어 이 글을 쓰고 있는 필자 역시 재테크를 잘하기 위해 매일 궁리하는 사람에 불과할 뿐, 경제적 자유를 향해 뻗어 올린 손끝이 그 언저리에 닿지도 못했다. 그럼에도 이 글을 쓰는 이유는 부모로부터 물려받은 재산도 없고, 유리지갑을 지닌 회사원의 한 사람으로서, 조금씩이라도 자산을 불려 가는 소소한 팁들을 독자들과 공유했으면 좋겠다는 제안을 받아서다.

일부 특별한 사람들을 빼고 대부분은 벌이가 한정돼 있고, 자신의 노동이 돈 버는 수단의 전부다. '노동자'는 정해진 시간에 꼼짝없이 일을 해야 한다. 그러다 보니 수중의 돈을 불리기 위한 시간적 한계가 뚜렷하다. 그러나 땅이나 건물, 금융자산을 풍족하게 갖고 있는 이들은 그들이 본업에 열중하는 시간에 돈이 알아서 돈을 번다. 심지어 그들이 일을 하지 않고 골프장에서 티샷을 날리고 있을 때조차 그들의 순자산이 불어나기도 한다. 얼마나 부러운 일인가! 하지만 부러워만 한다고 계좌가 채워지진 않으니 노동자는 결국 제 몸을 굴려서 답을 찾아야 한다. 일에 허덕여 잠드는 날들

일지라도 피 같은 돈을 아무 데나 넣어 날려 먹을 수는 없는 일. 특히 코로나바이러스감염증-19코로나19의 여파로 세계 여러 나라에서 소비를 촉진하는 정책자금을 풀어 돈의 실질적인 가치가 크게 낮아진 지금은 재테크에 더욱 관심을 가질 때다.

부동산이나 주식 기사에 꼭 달리는 댓글이 있다. "내 지갑은 텅텅 비었는데 이 나라에는 부자가 많은가 보다." 맞다. 현금 부자는 우리의 상상보다 많고 그들의 순자산 증가 속도는 평범한 노동자가 따라잡기 힘들다. 하지만 좌절하며 멈추면 갖고 있는 자산조차 지키지 못할 수 있다. 만약 당신이 급여 생활자라면 피부로 느꼈을 것이다. 매달 계좌로 들어오는 급여는 대개 물가상승률보다 낮다. 일부 회사는 물가상승률을 간신히 맞춰 급여를 지급한다. 급여를 모으고 모아 은행에 넣어 둔 돈은 세금을 빼면 알량한 수준의 이자만 붙는다. 돈이 붙으려야 붙을 수 없는 구조다. 통화량이 넘쳐나는 초저금리의 특수한 이 시기는 좋든 싫든 재테크라는 과업을 현대인에게 던져 줬다.

재테크가 뭇사람들의 관심을 받는 이유는 또 있다. 언제고 무조건 성공하는 재테크는 없기 때문이다. 안정적으로 성공할 수 있는 재테크 수단이 있을 수는 있겠지만 그 어떤 재테크도 100% 성공을 장담할 수는 없다. 높은 수익을 가져다주는 재테크일수록 역으로 손해가 극심할 수 있다. 오랜 시간 재테크 상담을 해 줬던 시중 은행의 프라이빗뱅커[PB]가 "절대로 원금 손실이 없을 것입니다."라고 자신을 믿으라고 했던 금융상품일지라도, 사람이 예측할 수 없는 미래에는 언제나 함정이 있고 예상 수익 역시 아무 의미 없는 종잇장이 될 수 있다는 이야기다. 또 다른 도박이라는 비아냥거림을 들었던 가상화폐는 물론이고 '묻지 마 투자'하면 된다던 바이오 종목의 주식 역시 어느 타이밍에 들어가고 나왔는지에 따라 수익도 손실도 나게 마련이다.

재테크는 계속해서 관련 정보를 찾고 이해해야 하는 대상이다.

그래서 재테크는 계속해서 관련 정보를 찾고 이해해야 하는 대상인지도 모른다. '왜 이렇게 복잡하고 어려워?'라고 생각하고 구석에 처박아 두기에는 현대인이 살아가야 할 시간이 너무 길다. 우리가 사는 이 사회는 계속해서 변화하고 있으며 새로운 기술과 산업이 하루가 멀다 하고 등장한다. 재테크 분야도 마찬가지다. 몇 년 전만 해도 생소했던 크라우드 펀딩이나 P2P 대출이 이제 젊은 이들 사이에서는 하나의 유행처럼 퍼졌다. 부동산도 집을 사는 것에서 그치지 않고 상업용 부동산을 유동화해 여럿이 소유하는 리츠라는 상품도 나왔다. 만약 이 단어들을 지금 처음 접했다면, 이 책을 덮지 말고 소소하지만 알찬 재테크 정보를 얻어 가기 바란다.

다만, 재테크에 대해 잘 알지 못했던, 혹은 알고 싶어 하지 않았던 과거를 안타까워하지는 않았으면 한다. '누구나 자신의 때가 있다'고들 하지 않는가. 재테크 역시 마찬가지라고 생각한다. 남들보다 재테크에 먼저 눈을 떴다고 해서 인생의 마지막 날까지 거대부호로 산다는 보장은 없다. 물론 노력한 만큼 성공할 가능성은 높겠지만 말이다. 필자의 이야기를 해 보자. 필자는 경제신문사 여러 부서에서 기자로 근무하면서 다양한 투자 정보를 이곳저곳으로 옮기는 일을 했다. 그러나 재테크에 관심이 없던 시기에 필자의 눈과 귀를 스쳐 간 정보들은 인생을 단 0.1%도 바꿔 놓지 못했다. 자신이 관심을 갖고 바라봐야만 투자의 기회도 열린다는 이야기다.

최근 급등한 부동산 가격을 보고 필자 주변의 30~40대는 "결혼할 때 서울 어디에라도 집을 사 둘걸."이라며 후회하는 경우가 많다. 심지어 필자도 2~3년 전까지는 얼마 없는 전세금에 대출을 크게 받아서라도 집을 사야 할까 고민했지만 생각에만 머물렀을 뿐 등기를 치고 주택의 소유자가 될 용기는 없었다. 한참 후에서야 결단을 내리긴 했지만 말이다. 이제 와 돌이켜 보니 서울 요지에 좋은 주택을 구입한 지인들은 주변에서 '부동산 시장 망했다'고 했을 때 나름의 판단에 따라 투자를 감행한 이들이었다. 시장을 바라보는 눈이 있었든, 어차피 살 집인데 이 정도 대출은 감당하겠다 용기를 부렸든 말이다.

인사이트: 미래를 예측하는 힘을 기르자

그렇기에 지나간 과거에 땅을 치고 후회하기보다는 앞으로 올 또 다른 기회를 놓치지 않으려 자신만의 눈을 기르는 일에 집중하는 것이 바람직하다. 인사이트^{insight} 수준까지는 아니더라도, 적어도 시장의 분위기가 어떤지 정확히 파악할 수 있다면 미래를 위한 탄탄한 무형자산을 보유하게 된 것이다.

다만, 한 가지 꼭 기억해 두어야 할 것은 어떤 투자든 실행하는 이들에게만 그 과실을 가져다준다는 점이다. 머릿속으로만 '어디어디에 투자해야지.'라고 생각하는 것은 손해 볼 일도 없겠지만, 향후 투자로 얻는 이익 또한 당연히 없다.

또 하나는 자신의 운을 너무 믿으면 안 된다는 것이다. 모든 투자에는 리스크가 뒤따른다. 아무리 유망한 주식 종목이라 하더라도, 서울에서 손꼽히는 지역의 신축 아파트라 하더라도, 시장의 움직임에 따라 투자한 시점보다 금액이 빠질 수도 있다. 따라서 언제나 최악의 상황을 가정하고 투자에 임하는 것이 좋다.

마지막으로, 재테크로 돈을 조금이라도 모으려면 부지런해야 한다. 돈은 마치 살아 있는 존재와도 같아서 그냥 놔둔다고 잘되지는 않는다. 끊임없이 보유한 자산의 상황을 점검하고 트렌드에 맞춰 수익률이 나는 투자 대상으로 방향을 잡아 줘야만 한다. 주식만 해도 그렇다. 세계 최대 상장 기업의 지위를 누린 미국 석유업체 엑슨모빌은 10년 전 투자자들에게 무척 인기 있는 주식이었다. 하지만 지금은 정보기술IT 업체들이 엑슨모빌을 추월한 지 오래다. 빠르게 바뀌는 시대를 고려하지 않고 돈을 묶어 두면 그만큼 손해라는 이야기다.

취재를 위해 유명 증권회사 프라이빗뱅커를 만났을 때 들은 말이 있다. "여유 자금이 수백억 원에 달하는 노년의 자산가들도, '알아서 종목을 골라 달라'는 말은 절대로 하지 않더군요. 최근 뜨는 새로운 투자처는 어디인지, 연 0.1%의 이율이라도 더 높은 금융상품이 있는지 항상 염두에 두고 있었습니다." 마치 닭과 달걀의 이야기 같지만, 시장에 대한 관심을 놓지 않는 사람이 투자에 성공할 가능성도 높고, 또 투자자로서 성공을 맛본 사람일수록 돈의 흐름에 무척 예민하다.

물론 세상은 공평하지 않아서 노력하지 않아도 돈이 모이는 사람도 있을 수 있다. 하지만 필자가 지금까지 보고 들은 사례를 종합해 봤을 때, 돈을 어떻게 모으고 굴릴지 전혀 고민을 하지 않는 사람에게 별안간 하늘에서 뚝 하고 돈다발을 던져 주지는 않았다. 겉으로만 봤을 때는 "저 사람 정말 운이 좋군.", "손대는 투자마다 돈이 붙어." 등의 이야기를 할 수도 있다. 하지만 사례를 찬찬히 살펴보면 그 운 좋은 사람은 투자를 실행하기 전에 이미 수많은 일을 경험했고, 여러 정보가 한데 결합되어 최종적으로 그런 결정을 내렸던 것임을 잊지 말기 바란다. 그렇기에 재테크로 성공하고 싶은 우리 역시 시간과 노력을 꾸준히 투자한다면 소기의 성과를 낼 수 있을 것이다.

금리, 대체 너는 무엇이냐?

금리를 영리하게 이용하는 법, 무엇이 있을까?

이 적금, 정말 나에게 이득인가?

통장을 매달 하나씩 개설해 복리혜택 노려 볼까?

CMA, 너는 누구냐?

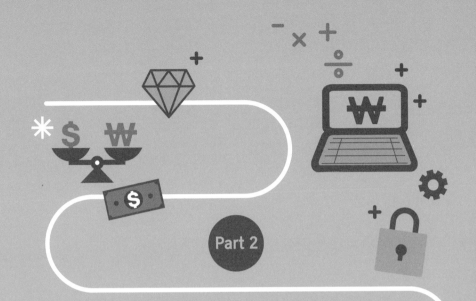

#1. 예금은 부자가 되는 첫걸음

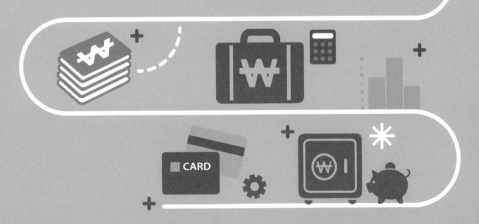

쓰고 남은 것을 저축하는 것이 아니라, 저축한 후에 남은 것을 써라.

: 워런 버핏

금리, 대체 너는 무엇이냐?

사람이 살다 보면 손에 쥐고 있는 내 돈이 아닌, 남의 돈을 빌려야할 때가 온다. 결혼을 하거나, 사업을 시작하거나, 아니면 집을 사는 등의 일이 계기가 될 때가 많다. 오롯이 내 돈만으로 모든 일을 해결할 수 있다면 정말 좋겠지만, 재테크 전문가들은 지금과 같은 저금리 시대에는 제때 원하는 만큼 돈을 빌려 쓰는 것도 능력이라고 말한다. 금리보다 더 높은 수익률을 낼 수 있는 어딘가에 투자해 이윤을 남기면 결과적으로 내 자본이 불어날 수 있기 때문이다. 그렇다면 우리가 은행에 돈을 예금하거나 역으로 필요한 자금을 빌릴 때 필수적으로 고려하는 금리는 무엇을 의미할까. 한국은행에서는 '금리는 돈의 가격'이라고 정의하고 있다. 물품을 시장에서 사고팔 때 정해진 가격이 존재하듯, 돈을 빌려주고 받는 금융시장에서 형성되는 가격이 바로 금리다.

예를 들어 설명하면 돈을 빌린 사람은 일정 기간 빌려 쓴 돈에 대한 대가, 즉 이자를 지급한다. 여기서 이자의 원금에 대한 비율을 금리 또는 이자율이라고 한다. 두 용어는 의미가 같다고 보면 된다. 다만, 실제 경제생활 속에서 금리는 이자 및 이자율과 혼용되기도 한다. '대출자들의 금리 부담이 커질 것으로 보인다'는 표현에서 금리는 이자와 동일한 의미로 활용되고 있다. 반면, '한국은행은 앞으로 한 차례 더 금리를 내릴 것으로 전망된다'는 표현에서 금리는 이자율과 같은 의미다.

이자는 우리가 은행에 돈을 맡기는 경우에도 발생한다. 은행이 예금주의 돈을 빌려 쓴 대가로 지급하는 것이 이자다. 만약 당신이 은행에 10만 원을 예금하고 정확히 1년이 지나 11만 원을 되찾았다면, 이자는 1만 원이다. 이때 예금 금리는 연 10%라 할 수 있다. 금리는 우리 생활과 밀접한 관계를 맺고 있다. 주식가격이나 주택가격, 물가에 직간접적으로 영향을 주기 때문이다. 또한 기축통화를 보유한 국가와 한국 사이의 금리 차이는 국가 간 자본 이동에도 영향을 미치기 때문에 환율까지도 오르내리게 할 수 있다.

금리를 영리하게 이용하는 법, 무엇이 있을까?

예적금, 그리고 CMS로 차근차근 모으자

대형 서점의 재테크 코너에 가 보면 요즘 유행하는 재테크 방법에 대한 다양한 책을 만날 수 있다. 톡톡 튀는 제목으로 독자의 눈길을 사로잡는 책이 있는가 하면, 저자의 성공담을 내세워 평범한 당신도 할 수 있다고 부추기는 책도 눈에 띈다. 빠르게 증쇄로 넘어가는 신간이 있는가 하면, 꾸준히 사랑받는 스테디셀러도 있다. 특히 재테크 분야에서 필자의 기억에 오랫동안 남은 서적을 꼽자면, 바로 고경호 작가가 쓴 『4개의 통장』(다산북스)이다. 10년 전에 처음 출간된 이래로 그간 60만 부가 넘게 팔렸다고 한다. 이제는 너무나도 많은 이에게 알려져, 마치 하나의 공식처럼 된 이 책의 내용 가운데 지극히 공감한 부분은 '부자가 되기 위한 가장 기본적인 전략은 저축'이라는 것이다. 너무 당연한 이야기라 사람들이 자주 잊고 사는 내용이기도 하다. 저축을 잘하기 위해 몇 개의 통장이 필요하며 그것들은 소득을 잘 관리하는 하나의 완성된 시스템으로서 기능한다는 점, 그것이 아주 오랜 기간 재테크에 관심이 높은 독자들의 인사이트를 자극해 이처럼 높은 판매고를 올렸을 것이다. 게다가 저축처럼 편한 재테크는 없다! 통장 정리만 잘해 주면 되지 않는가. 주식처럼 하루 종일 현황에 매달릴 필요도 없고, 목표가를 산정하고 기업 가치를 분석할 필요도 없다. 나의 노력과 시간만 투자하면 되니 말이다.

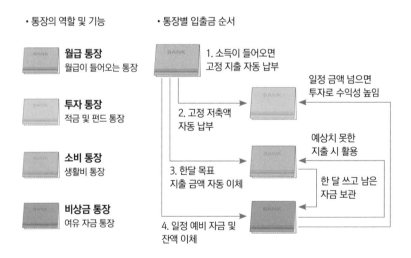

• 통장의 역할 및 기능

월급 통장
월급이 들어오는 통장

투자 통장
적금 및 펀드 통장

소비 통장
생활비 통장

비상금 통장
여유 자금 통장

• 통장별 입출금 순서

1. 소득이 들어오면 고정 지출 자동 납부

일정 금액 넘으면 투자로 수익성 높임

2. 고정 저축액 자동 납부

예상치 못한 지출 시 활용

3. 한달 목표 지출 금액 자동 이체

한 달 쓰고 남은 자금 보관

4. 일정 예비 자금 및 잔액 이체

하지만 또 다른 사람들은 『4개의 통장』처럼 저축에 대한 중요성을 강조한 책을 읽고 이렇게 반문한다. '마이너스 대출이 이미 꽉 찼는데, 저축을 언제 하나? 대출부터 갚는 것이 먼저지.', '수익률이 연 2.0% 수준으로 물가상승률보다 낮은데 거기에 넣어 두는 것 자체가 재테크일 수 없다.' 물론 나는 그들의 의견이 틀렸다고는 생각하지 않는다. 투자 감각이 좋은 사람은 저축보다는 주식이 훨씬 더 잘 맞을 수 있다. 또 직업상 각종 경제 정보를 듣는 귀가 뜨여 있다면 남들보다 먼저 투자를 할 수 있는 기회를 잡을 수

저축처럼 편한 재테크는 없다. 너무 바빠 재테크에 신경을 쓰기 어려운 사람이라면 남은 선택지는 저축뿐이다.

도 있다. 학자금대출이나 전세담보대출, 주택담보대출 등 인생의 궤적에 따라 이미 갚아야 할 대출이 있는 경우에도 무조건 저축이 답이라고 말할 수는 없다. 은행 여신업무의 특성상 대출이자가 예적금이자보다 훨씬 높기 때문이다. 그런 이들에게 기회비용을 감수하면서 저축만 고집하라고 하는 것은 말도 안 되는 소리다.

하지만 주식을 시작하려고 하면 어떤 종목부터 골라야 할지 도통 알 수가 없고, 부동산을 선뜻 구입하기에는 종잣돈이 손에 없으며, 회사 일이 너무 바빠 재테크에 신경을 쓰기 어려운 사람이라면 남은 선택지는 저축뿐이다. 저축 가운데서도 최대한 이율이 높은 상품을 찾아 돈을 맡기는 방법이 최선이라고 할 수 있다.

저금리 시대, 우리에겐 특판이 있다

"이제 더 이상 수협은행 아이적금 가입 못하죠? 이율 높은 다른 적금 추천해 주세요."

서울의 한 지역 맘카페에 올라온 글이다. 곧 댓글이 달렸다. "어느 은행, 어느 지점에 가면 아직도 이율 4%대의 특판이 있는 것 같다. 우리 집 근처 저축은행에서는 높은 금리는 아니지만 그래도 3%대 중반은 주니까 그거라도 하는 걸 추천한다." 등 글쓴이의 고민에 상응하는 답변이 하나둘씩 올라왔다. 눈이 가는 단어는 '특판'. 통상 정해진 기간에 특별히 판매하는 예적금 상품을 특판이라고 부른다. 금융사 간의 고객 유치 경쟁이 치열해지면 마케팅 차원에서 특판예금을 모집하는 경우가 많다. 단 1%라도 상대적으로 높은 이자를 받으려면 특판예금에 주목할 필요가 있다. 다만, 특판예금에 돈을 넣기 전, 금리가 앞으로 상승할지 아닐지를 따져 볼 필요가 있다. 당장 눈앞에 등장한 높은 금리를 보고 특판예금을 들었다가 시장금리가 큰 폭으로 오를 경우 손해이기 때문이다.

특판예금으로 대박을 친 금융사의 사례도 있다. 지난 2018년 재테크에 관심이 없더라도 뉴스 등을 통해 한번쯤은 들어 보았을 Sh수협은행의 'Sh쑥쑥크는아이적금'. 이 상품은 정해진 기간 내 만 6세 미만의 개인이 1인 1계좌 한정으로 가입할 수 있는 상품이었다. 납입액 한도는 월 10만 원이었다. Sh수협은행은 2018년 12월 31일까지 5년제로 가입을 약속한 경우에 한해 특별금리 연 0.5%를 더 얹어 주어 최종 금리는 연 5.5%에 달했다. 대출금리조차 3%대를 밑도는 저금리 상황에서 이같이 핫한 금리를 제공해 준다는 말에 전국 Sh수협은행 각 지점에 많은 사람이 몰렸다. 일부 지점에는 아이를 위해, 손주를 위해 이 상품에 가입하겠다는 일념으로 밤을 꼬박 새운 이들도 있었다. 결국 Sh수협은행은 이 상품에만 쏠린 고객 수요를 차단하며, 지점당 해당 상품에 가입할 수 있는 인원을 1일 선착순 10명으로 제한하는 극단적인 방법을 쓰기도 했다. 금융계에서는 'Sh수협은행이 너무 고금리를 적용해 준다고 약속하는 바람에 이 상품을 팔면 팔수록 밑지는 상황인 것 아니냐'는 조심스러운 추측까지 나오기도 했다. 결국 2019년을 맞이하며 판매를 중단한 '상대적'으로 고금리를 보장한 이 상품은 저축에 대한 사회적 관심을 새삼 높일 수 있는 계기가 되었다.

'핫한' 고금리 적금에 가입할 기회를 놓쳐 아쉬워하는 사람들에게 금융권은 다음 기회를 노리라는 신호를 주고 있다. 실제로 현재 가입 가능한 적금 상품 가운데 특판 형식을 취하는 것은 금리가 제법 높다. 그리고 대개 이 상품들은 저축은행이나 새마을금고, 단위농협, 신협 등 대중에게는 약간 생소한 이름의 금융기관에서 취급하고 있다. 실제로 '묻지도 따지지도 않고' 상대적으로 고금리를 제공해 주는 기관은 대부분 제2금융권, 아니면 대면 거래를 하지 않는 인터넷뱅킹 회사다. 이 이유에 대해 거칠게 설명하자면, 이미 재무구조가 탄탄하며 영업기반도 잡혀 있는 KB국민은행이나 우리은행, 신한은행, KEB하나은행, NH농협은행은 굳이 고금리로 신규 고객을 모을 필요가 없기 때문이다. 이는 곧 금융 소비자 입장에서 대형 은행에 비해 신뢰도가 높지 않은 금융기관에 목돈을 맡기는 위험을 감수하되, 그 대신 상대적으로 높은 이자를 챙길 수 있는 구조라 할 수 있겠다.

제2금융권으로 통틀어 칭해지는 이들 기관에서는 공격적으로 고객을 확보하기 위해 회사별, 지점별 특판을 판매하고 있다. 때문에 자신의 재무상황에 맞춘 최적의 상품을 찾아 가입하는 길을 추천한다. 은행 예금금리는 한국은행이 공표하는 기준금리, 은행의 자금 보유 현황, 마케팅 전략 등 경영정책, 금융시장 상황 등을 종합적으로 감안해 결정된다는 점을 잊지 말아야 할 것이다.

최근에는 온라인으로 가입하는 예적금 상품의 인기가 높다. 예금상품 가운데서는 케이뱅크의 '주거래우대 정기예금'이 우대금리 적용 시 높은 이자를 쳐 준다. 또한 전북은행이나 DGB대구은행 등 지역은행들이 전국적 영업망을 갖춘 은행들보다 상대적으로 이자가 높은 편이다. 정기적금으로는 '주거래하나 월복리 적금'이 괜찮은 금리를 보장하며 자유 적립식에 복리로 쌓이는 최고 우대금리를 적용받을 경우 더 높은 금리도 가능하다. 그러나 이 상품의 경우 우대금리를 적용받을 수 있는 조건이 별도로 설정돼 있으며 가입 총액이 한정돼 있다는 점이 아쉽다. 0.1%라도 이자가 높은 상품에 사람들이 몰리는 경향이 있기에 은행들은 이 같은 상품의 가입기간을 제한하기도 한다. 따라서 은행연합회에서 제공

생활 속에서 조금씩 절약하여 모을 수 있는 상품도 인기다.

하는 예금상품금리비교 사이트(https://portal.kfb.or.kr/compare/
receiving_neosearch.php)를 참고하고 자신에게 맞는 상품을 고르
는 것이 좋다.

거창한 목표를 내세우지 않고 생활 속에서 조금씩 절약하여
모을 수 있는 상품도 제법 인기다. 카카오뱅크의 26주 적금은 계
단식 증액과 짧은 만기로 입소문을 탔다. 납입금액은 1,000원부터
1만 원까지 가능하며, 매주 그 금액만큼 늘려 통장에 모으는 방식
이다. 납입에 성공한 주에는 카카오프렌즈 캐릭터가 한 명씩 성공
의자(?)에 앉는다. 1,000원씩 증액으로 설정 시, 26주 뒤에는 35만

원이 넘는 만기액이 돌아온다는 강점이 있다. 커피값, 과자값 아껴 소소하게 돈을 모은다는 점, 그리고 점차 돈을 불려 가며 적립할 수 있다는 점 등이 인기 요인으로 꼽힌다.

오랜 기간 적금을 하다 보면 중도에 포기하는 경우가 많은데 'NH올원5늘도적금'은 6개월간 돈을 모을 수 있도록 한 상품이다. 주 5일간 매일 저축하는 '직장인의 짠테크'를 지원한다는 콘셉트를 내세운 이 상품은 칼퇴하고 적금에 가입하면 연 0.1%p 우대금리를 받을 수 있다.

이 적금, 정말 나에게 이득인가?

시중에 나와 있는 수많은 적금 상품에 가입하기 전에 가장 먼저 체크해야 할 사항은 우대금리 제공 조건이다. 돈을 한 푼이라도 더 주는 상품에 사람은 몰리게 되어 있기 마련이다. 때문에 득과 실을 잘 따져 가며 골라야 한다는 이야기다.

재테크 카페 등에서 화제를 모았던 우리은행의 여행적금은 여행 테마에 있어서는 단연코 가장 화제를 모았던 적금이라 할 수 있다. 당시 이 적금은 최고금리 연 6.0%를 약속하였고, 은행에서도 아예 '고금리'라고 설명을 해 뒀다. 이 고금리에는 우리카드 실적에 따라 연 4.20%p의 높은 우대금리를 제공할 것이라는 조건이 붙어 있다. 우리은행과 거래가 전혀 없던 사람이 급여이체 통장을 우리

은행에 새로 만들고 공과금이나 아파트 관리비 등을 이 통장에서 자동이체할 경우 우대금리가 적용되는 식이었다. 또한 우리카드를 12개월 기준 2,000만 원 이상 사용해야만 3.50%p가 가산돼 공식적으로 내세운 최고금리를 적용받게 된다.

카드로 연간 2,000만 원 이상을 사용해야만 우대금리를 받을 수 있다니……. 이 때문에 적금의 고수들은 이 조건을 두고 '소비가 전제된 절약이라니 어불성설이다'라며 실속이 없는 상품이라고 평하기도 했다. 하지만 개인마다 소비습관이나 재무 상황은 모두 다른 법이다. 카드 소비금액이 2,000만 원 이상인 사람에게는 의외로 만족하기 쉬운 우대조건일 수 있다. 따라서 모든 예적금 상품은 자신의 재무 상황을 꼼꼼하게 따져 고를 필요가 있다는 이야기다(물론 코로나19 같은 특수 상황에서는 여행적금의 필요성에 의문이 제기되겠지만 말이다).

아울러 금융회사가 영업정지나 파산 등으로 고객의 예금을 지급하지 못하게 될 만일의 경우에 대비해 상품에 가입하는 금액을 정하는 것도 필요하다. 현행법은 금융회사가 파산 등의 이유로 고객의 예금을 지급하지 못하게 될 경우, 한 금융회사에서 원금과 이자를 포함해 1인당 5,000만 원까지 보장받을 수 있게끔 해 두었다. 따라서 「예금자보호법」상 보장하는 금액은 금융사별 보장 금액이

현행법상 금융회사가 파산 등의 이유로 고객의 예금을 지급하지 못할 경우, 1인당 5,000만 원까지 보장받을 수 있다.

므로, 회사를 나눠서 예금하는 것이 예상치 못한 사태에 대비할 수 있다. 또한 앞으로 받을 이자도 고려해 예금하는 것이 바람직하다.

이 보호제도는 예금보험공사에 예금보험료를 납부하는 금융기관(이른바 부보금융기관)의 상품에만 해당하는 내용이며, 시중은행과 보험회사, 종합금융회사, 상호 신용저축은행 등이 여기에 해당한다.

농수협 지역조합과 신용협동조합, 새마을금고 등은 별도의 법에 따라 예금자보호준비금을 설치, 운영하고 있으며 예금주 1인당 원리금 합산 5,000만 원까지 보장해 주고 있다.

통장을 매달 하나씩 개설해
복리혜택 노려 볼까?

저금리 시대에 주목받는 통장 관리법도 있다. 이자를 계산하는 방법은 단리와 복리, 두 가지가 있는데 단리는 원금에 대해서만 이자가 붙고 복리는 원금에 붙은 이자가 다시 원금이 되어 여기에 이자가 붙는 식이다. 따라서 복리는 일정 기간마다 이자를 원금에 합쳐 그 합계금액에 대한 이자가 계좌에 추가되므로 투자기간이 길어질수록 원리금이 기하급수적으로 증가할 수 있다.

하지만 시중은행에서 판매하는 예적금 상품 가운데 복리를 적용한 것은 없거나 있어도 가입이 매우 까다롭다. 대신 약간의 성실과 수고만 더하면 실질적으로 복리 계좌를 굴릴 수 있다. 이 방법은 매월 새로운 1년 만기 적금 상품에 가입해 1년간 총 12개의 통장을 만드는 것이 핵심이다. 만약 1월부터 매달 10만 원을 넣는 1년 만기 적금 통장을 만든다면 12월에는 이 같은 적금 통장이 총 12개가 된다. 1년이 지나면 한 개씩 만기가 돌아오게 되고 만기금으로 새로운 적금 상품에 가입하는 것이 바로 '풍차 돌리기 전략'이다. 이 방법은 적금 중도해지에 따른 손해를 최소화하고, 순서대로 다가오는 만기 해지 원리금을 재투자해 복리효과도 노릴 수 있다.

풍차 돌리기 전략이 선풍적인 인기를 끌게 된 이유는 소액부터 시작할 수 있어 적금 만기까지 중도 포기 없이 끝까지 돈을 모으기 쉽다는 것에 있었다. 그리고 적금이 만기가 되었을 때 그 금액을 다시 새로운 적금으로 옮겨 갈 수 있게끔, 동기부여를 할 수 있다는 점도 장점으로 꼽힌다. 한 달에 넣는 금액을 적게 잡아도 되고 매달이 아닌 두 달이나 석 달에 한 번으로 기간을 늘려 잡아도 원리는 동일하다.

매월 새로운 적금 상품에 가입해 1년이 지나 한 개씩 만기가 돌아오면 만기금으로 새로운 적금 상품에 가입하는 것이 '풍차 돌리기 전략'이다.

필자는 풍차 돌리기 방법으로 매달 15만 원씩, 5개의 통장까지 돌려 본 적은 있지만 끝내 12개 통장을 구축하지는 못했다. 당시에는 예비비까지 몽땅 털어 넣을 수는 없다는 판단에 최선이라고 생각하는 통장 수에서 멈춘 것이었지만, 지금 생각해 보면 아쉬움이 많이 남는다. 만약 이 책을 읽는 독자 분께서 '당장 풍차 돌리기 적금 시스템을 가동하고 싶다.'는 생각이 든다면, 엑셀이든 간단한 표든 만들어서 수중에 있는 금액과 앞으로 적금으로 들어갈 수 있는 금액을 대략적으로라도 계산해 보고 몇 달 주기, 얼마로 할지를 결정하는 것이 좋다. 적게 넣더라도 1년을 유지하고 싶다면 그에 맞춰 넣는 식으로 말이다.

CMA, 너는 누구냐?

새내기 직장인이라면 "CMA 통장 하나 만들어."라는 이야기를 많이 들었을 것이다. 실제로 필자 주변의 많은 회사원도 이 같은 권유를 받고 CMA 통장을 급여 통장으로 사용한다고 말했다. CMA가 대체 무슨 금융상품이길래 다들 추천하는 것일까? 종합자산관리계좌Cash Management Account. 이것이 우리가 CMA라고 흔히 줄여 부르는 계좌의 정식 이름이다. 또 다른 이름으로는 '돈을 넣기만 해도 매일 이자를 주는 통장'이 있다. 대신 이 CMA는 시중은행이 아닌 증권회사에 가야 만들 수 있다. 상품이 운용되는 바탕이 채권에 있기 때문이다.

　CMA는 고객이 맡긴 돈으로 투자상품을 운용하고 그 수익을 다시 고객에게 돌려주는 상품이라 할 수 있다. 단 하루만 입금해도 이자가 붙으며 시중은행보다 금리가 높고 입출금이 자유롭기 때문에 유동성이 필요한 자금을 관리하기에 적합하다. 그래서 급여 통장으로서 이용하는 이들이 많은 것이다.

장점으로는 보통예금보다 높은 이자가 붙는 계좌임에도 수시로 입출금이 가능하다는 것, 펀드나 주식처럼 증권회사의 다른 서비스를 활용하기 편하다는 것, 소액이라도 매일 이자가 붙는 복리효과를 꼽을 수 있다. 하지만 수수료가 상대적으로 높고, 증권사에 직접 가서 가입을 해야 한다는 점, 「예금자보호법」의 적용을 받지 못하는 경우도 있다는 점이 단점으로 거론된다.

"본래 CMA는 종합금융회사가 고객으로부터 예탁받은 금전을 어음 및 채무증서 등에 운용하고, 그 수익을 고객에게 지급하는 수시입출금이 가능한 금융상품을 지칭하는 용어로 20여 년 전부터 종금사에서 사용하고 있었다. 하지만 증권회사에서도 고객의 유휴현금을 자동으로 단기금융펀드^{MMF}, RP^{환매조건부채권} 등에 투자하면서도 수시입출금이 가능한 금융서비스에 CMA라는 명칭을 사용하기 시작하였고, 현재는 예금자보호가 되는 종금사형 CMA와 예금자보호가 되지 않는 증권사형 CMA가 명칭

구분 없이 혼용되고 있는 실정이다. 증권회사의 CMA는 CMA 약정 계좌 내 예치자금을 MMF, RP 등의 금융자산에 자동으로 투자^{매수}하고 고객의 현금인출 요구 시 자동으로 매도하여 주며, 연계된 은행계좌 또는 소액지급결제시스템에 참가한 증권회사의 고객계좌를 통해 급여이체, 인터넷뱅킹, 결제대금(공과금, 카드대금, 보험료 등) 자동납부, 자동화기기를 통한 입출금 등 각종 금융서비스를 제공하는 증권종합계좌서비스를 말한다."

출처: 금융감독원 금융감독용어사전

재테크 용어

보통예금

보통예금은 가입대상이나 예치금액, 예치기간, 입출금 횟수 등에 아무런 제한 없이 자유롭게 거래할 수 있는 상품으로, 은행에서 자율적으로 이율을 설정한다. 이자는 통상 결산기(매 3개월 또는 6개월)마다 평균 예금 잔액에 대해 계산한 후 원금에 가산하는 방식으로 지급되고 있다.

당좌예금

당좌예금은 은행과 당좌거래계약을 체결한 자가 일반 상거래로 취득한 자금을 은행에 예치하고 그 예금 잔액(또는 당좌대출 한도) 범위 내에서 거래 은행을 지급인으로 하는 당좌수표 또는 거래 은행을 지급장소로 하는 약속어음을 발행할 수 있는 예금을 말한다. 가입대상은 신용과 자산 상태가 양호하다고 인정되는 법인이나 사업자등록증을 소지한 개인으로 한정된다.

정기적금

정기적금이란 일정 기간 동안 일정한 금액을 납입할 것을 미리 약정하고 매월 납입 약정일에 정해진 금액을 적립하는 상품으로서 목돈마련을 위해 활용되는 상품 가운데 하나다. 적립식 예금의 한 형태로, 가입대상자의 제한은 없으며 일반적으로 계약기간은 6개월 이상 60개월 이내 월 단위다. 적립금액은 정액적립식도 있고 자유적립식도 있다. 다만, 이율은 가입 당시 기준금리와 영업점 상황에 따라 차이가 많이 나므로, 가입자는 은행별, 상품별 이율을 따져 봐야 한다.

소득이 있는 곳에 세금이 있다

세금을 잘 알면 자산 증식이 빨라진다

세금, 왜 내야 하는 거지?

내가 내야 할 세금은 어떤 것일까?

소득에도 종류가 있다

나는 얼마나 벌고 있을까?

당신이 사업자라면 절세를 위해 고려해 봐야 할 사항들

'세금' 소리만 들어도 노이로제라면 '이들'이 대안

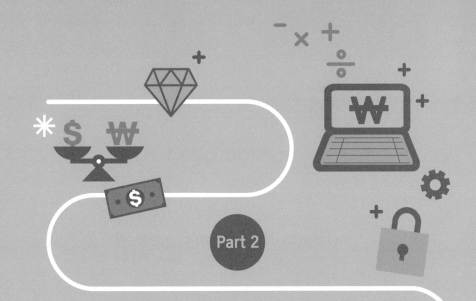

Part 2

#2. 세금을 알아야 돈이 모인다

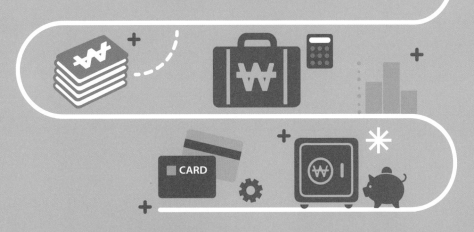

그러나 이 세상에서 죽음과 세금만큼 확실한 것은 없다.

: 벤저민 프랭클린

소득이 있는 곳에 세금이 있다

만약에 이 책을 읽고 있는 당신이 세금 때문에 고민을 하고 있다면, 경제활동을 하고 있으며 그에 따른 사업·근로소득을 얻었다는 의미일 것이다. 그게 아니라면 부모나 친인척으로부터 땅이나 건물 등을 상속 또는 증여받는 '미래 소득의 씨앗'인 자산 취득 절차가 있었다고 추정할 수 있다.

많은 이는 자신이 부자든 그렇지 않든 세금 내는 것을 가장 아까워한다. 원래 내 돈인데 빼앗긴 것처럼, 억울하게 떼인다는 생각을 감추지 않는다. 오죽하면 세금 관련 정책을 다룬 기사의 댓글에서 '투명한 유리지갑인 월급쟁이만 털어 가냐', '국세청은 만만한 소상공인만 이 잡듯 뒤진다'는 주장들이 가장 공감 수가 많을 정도다. 아마 이러한 상황은 국가의 가장 중요한 책무인 세금을 걷고 그것을 다시 배분하는 과정이 제대로 되지 않고 있다는 생각을 하는 사람들이 많기 때문일 것이다. 하지만 당신이 재테크에 관심을 기울이기로 마음먹었다면, 때마다 정확하게 세금을 매겨 떼어 가는 정부에 대한 불만을 털어놓는 것은 소모적일뿐더러 자산 증식에 눈곱만큼도 도움이 안 된다는 것을 기억해야 한다.

우리가 재테크를 시작하기 전에 제일 먼저 숙지하고 잊지 말아야 할 것은 근로소득자든 개인사업자든 우리가 영위한 경제활동을 통해서 소득을 얻었기 때문에 그에 따른 세금이 나왔다는 사실이다. 그 세금이 정확하게 책정되었는지에 대해서는 꼼꼼하게 따져야 할 문제지만, 애초에 세금의 시작은 나의 경제활동으로 발생한 이득에 있다. 물론 응당 세금을 내야 하지만 이런저런 방법을 동원해 내지 않는 조세 사각지대의 사례도 여전히 많다. 필자도 사람인지라 그런 경우를 접할 때마다 화도 나고 사각지대를 완전히 없애지 못하는 현 시스템에 환멸이 날 때도 있다. 그러나 분명한 점은 극히 소수의 탈세자들이 뻔뻔하게 불법을 저지르고 있는 것이지, 오로지 나'만' 부당하게 세금 부담을 지고 있는 것은 아니라는 사실이다. 이 같은 마음가짐은 오히려 세금이 부과되는 과정을 냉정하게 바라볼 수 있도록 해 줄 뿐 아니라 경제활동을 하며 어떻게 해야 합법적으로 세금을 덜 낼 수 있는지를 고려하게 해 주므로 재테크를 시작하기 전에 꼭 새겨 둬야 할 필요가 있다.

독자들의 이해를 돕기 위해 간단한 법 조항 몇 가지를 언급해 볼까 한다. 앞서 언급한 '소득이 있는 곳에 세금이 있다'는 원칙은 정부가 평등한 사회를 만들기 위해 규정한 기본 원칙 가운데 하나다. '조세공평주의'라고도 불리는 이 원칙은 「헌법」 제11조 제1항 (모든 국민은 법 앞에 평등하다)과 제2항(사회적 특수계급의 제도는 인정되지 아니하며, 어떠한 형태로도 이를 창설할 수 없다)의 내용과도 궤를 같이하며 세금과 관련된 여러 법에 스며들어 있는 지향점이라 할 수 있다. 특히 기존에 정부가 세금을 매겨야 할 대상으로 바라보지 않았던 소득이 사회적 흐름에 따라 세금의 대상이 될 때, 우리 사회는 격한 찬반 논쟁에 휩싸여 왔으며 이때 조세공평주의의 원칙이 중요한 논점으로 떠오를 때가 많았다. 지난 1999년 헌법재판소가 금융실명제(「금융실명거래 및 비밀보장에 관한 법률」)의 부칙 제12조(금융자산소득에 대한 과세특례)에 대한 위헌 여부를 가리는 결정문에도 길지는 않지만 조세공평주의가 어떤 개념인지를 엿볼 수 있는 내용이 들어 있다. 우리가 세금을 어떻게 바라봐야 할지 도움이 될 것이라는 판단 아래, 짧게 소개한다.

"조세평등주의가 요구하는 담세능력(세금을 부담하는 능력)에 따른 과세의 원칙은 한편으로 동일한 소득은 원칙적으로 동일하게 과세될 것을 요청하며, 다른 한편으로 소득이 다른 사람들 간의 공평한 조세부담 배분을 요청한다. (중략) 담세능력의 원칙은 소득이 많으면 그에 상응하여 많이 과세되어야 한다는 것, 즉 담세능력이 큰 자는 담세능력이 작은 자에 비해 더 많은 세금을 낼 것을 요구한다. 다만, 입법자로 하여금 소득세법에 있어서 반드시 누진세율을 도입할 것까지 요구하는 것은 아니다. 소득에 단순 비례하여 과세할 것인지 아니면 누진적으로 과세할 것인지는 입법자의 정책적 결정에 맡겨져 있다."

세금을 잘 알면 자산 증식이 빨라진다

앞의 결정문에서 말하고자 하는 핵심은 '소득이 같다면 세금 부담도 같아야 하며, 소득이 서로 다른 경우 정부가 잘 헤아려 되도록 공평하게 조세부담을 나눠야 한다' 정도로 요약할 수 있겠다. 물론 실제 세금이 부과되는 기준은 마치 칼로 무를 자르듯 '몇 억 원부터 얼마 이상의 세율을 적용한다'는 식으로 정해지기도 한다. 일례로 경제 상식에 밝지 않은 사람도 한두 번은 들어 보았을 종합부동산세는 공시가격을 기준으로 6억 원(1주택의 경우 9억 원)이 넘는 주택에만 부과된다. 이는 극단적으로 주택 공시가격이 5억 9,999만 원이면 해당이 안 된다는 의미다. 정책의 세심함이 부족하다고 말할 수도 있겠지만 전국의 1,800만여 호(2019년 기준)를 대상으로 세금 매길 곳을 가려내야 하는 정부로서는 행정적 편의 등을 고려해 특정 기준을 내밀어 재단할 수밖에 없다.

따라서 정부가 세금을 매기는 기준을 찬찬히 따져 보고, 자신에게 잘 맞는 루트를 찾을 수 있다면 세금을 많이 내지 않으면서도 자신의 이득을 극대화할 수 있다. 필자의 한 지인은 2012년 말에 결혼하면서 정부가 한시적으로 주택을 구입한 이들에게 취득세를 대폭 감면하는 조치를 취할 때 신혼집을 구했다. 또 다른 지인은 2013년 4월부터 12월까지 한시적으로 특정 기준을 충족하는 주택(취득가액 6억 원 이하 등)에 대해, 취득 후 5년 이내에 매도시 그에 대한 양도소득을 비과세하기로 한 정부 정책을 절묘하게 활용하기도 했다. 그 결과 그가 2013년 6월, 5억 원 중반에 구입한 주택은 2018년 초에 13억 원 가까이 올랐고 그 차익은 오롯이 소유자의 몫이 됐다. 만약 이런 특수한 조항이 적용되지 않았다면 이 지인이 얻을 수 있는 이득은 장기간 그 주택에 거주했더라도 훨씬 적었을 것이다. 세무사마저 이렇게 세세한 조항까지 어떻게 다 알고 주택을 매매했냐고 감탄했을 정도로 세금을 절약한 재테크로 꼽을 수 있겠다.

필자가 만났던 세금에 대해 잘 아는 이른바 '세테크 달인'들은 자신의 노력에 따라 세금을 크게 줄일 수 있다고 말한다. 그들은 세금이 재산 증식을 방해하는 요건으로 작용할 수도 있지만 개개인의 노력으로 세금을 내는 규모가 확 달라질 수도 있다고 거듭 강조했다. 앞서 소개했던 사례는 극단적이기는 하지만 이를 뒷받침해 주는 확실한 사례이기도 하다. 특히 특정한 자산을 처분할 때 세테크가 빛을 발하는 경우가 많은데, 보유기간이나 치분시기 등을 조절하여 내야 할 세금을 최소화하는 방법으로 수익을 극대화하는 것이 그 방법 중 하나다. 따라서 세금에 대한 우리의 태도는 재테크를 수행하는 데 심대한 영향을 미치고 있다는 점을 부인할

'세테크 달인'들은 자신의 노력에 따라 세금을 크게 줄일 수 있다고 말한다.

수 없다. 그중에서도 세금에 대한 뉴스는 꼭 챙겨 보고 신문기사뿐만 아니라 정부가 공식적으로 발간하는 자료를 통해서도 확인해야 한다. 뛰어난 경제학자가 아닌 일반인이 거시경제의 흐름을 한번에 탁 하고 짚어 내는 힘을 단박에 기르기는 어렵다. 그러나 당장 내게 날아온 세금 고지서를 따져 보면서 세금 정책에 관심을 기울이는 일은 약간의 수고로도 가능한 일이다. 그렇기에 정부가 새롭게 내놓은 세금 정책을 이해하기 어렵거나 자신이 어떤 사례에 해당하는지 판단하기 어렵다면 정부 보도자료 등에 표기된 (대개 044로 시작하는) 담당 공무원 전화번호로 전화를 걸어 직접 물어보는 것을 추천한다. 의외로 그들은 이해되지 않는 부분을 흔쾌히 설명해 줄 것이다. 특히 국세청은 민원인을 위한 콜센터(126번)를 운영하고 있기에 생활과 밀접한 부가가치세, 종합소득세 등을 신고할 때 활용하면 좋다.

세금, 왜 내야 하는 거지?

세금을 잘 알고 활용해야 한다는 데는 많은 이가 동의할 것이다. 그렇다면 대체 왜 우리는 세금을 내야 하는가. 그리고 또 나라마다 세율이 다른 이유는 무엇인가.[*]

 이 질문에 대한 답을 찾기 위해 필자는 "당신은 꼭 세금을 내야 합니다."라는 이야기를 가장 많이 하고 있는 기관인 국세청 홈페이지를 한번 찾아가 봤다. 이곳에서는 많은 사람에게 세금에 대

● 각 국가는 세금을 걷는 항목에 따라 세율을 다르게 지정하고 있으며, 일반적으로 복지혜택을 많이 제공하는 나라일수록 국민에게 부여하는 납세 부담을 높게 잡는 경향이 있다. 우리나라는 소득세를 기준으로 했을 때 6~40%대 세율을 적용해 왔으며 북유럽 복지국가인 덴마크는 38~59%, 노르웨이는 28~51% 수준이다. 개별적인 상황에 따라 다르겠지만 세율이 시작하고 끝나는 지점만 고려한다면, 확실히 우리나라보다 북유럽 국가들의 세율이 상대적으로 높은 편이라 할 수 있겠다.

어린이 국세청 홈페이지. 아주 기초적인 내용부터 설명이 잘되어 있어 세금에 대해 명확하게 개념을 정리할 수 있다.

해 알기 쉽게 설명하기 위해 다양한 자료를 올려놓았다. 특히 '어린이 국세청'이란 홈페이지를 보면 아주 기초적인 내용부터 설명이 잘되어 있어 세금에 대해 명확하게 개념을 정리할 수 있다. 잠시 살펴보자면, 어린이 국세청 홈페이지에 세금은 정부가 나라 살림을 잘 꾸려 나갈 수 있도록 국민이 법에 따라 내는 돈이라고 설명하고 있다.

이 설명을 조금만 더 확장해 보자. 세금은 국가가 우리에게 각종 복지와 국방, 행정 등의 서비스를 제공하는 데 필요한 비용을 조달하기 위해 있는 것이다. 나라를 지키는 군인, 출퇴근길 심각한 교통정체를 정리해 주는 경찰, 범죄를 저지른 이들에게 책임을 묻고 재판에 넘기는 검사, 국공립학교의 교원 등 수많은 이가 어느 한 사람으로 특정할 수 없는 정부를 대신해 정부의 일원으로서 움직이고 있다. 자본주의 사회에서 이들이 아무런 대가 없이 '나라의 지시'만으로 일할 수는 없지 않은가? 그래서 세금이 필요한 것이다. 또한 도로를 새로 닦고, 철도를 깔고, 상하수도 시설을 정비하는 등의 사회 인프라 구축 작업도 돈, 즉 정부의 예산 없이는 진행할 수 없다. 뿐만 아니라, 박물관이나 도서관을 만들거나 병원을 짓는 등 여러 가지 국책 사업도 세금을 바탕으로 진행되는 일이다. 이를 종합해 보면 국가가 국가의 운영을 비롯해 국민 생활 안정을 위해 움직일 때 필요한 비용을 마련하기 위해 거두는 것, 그것이 바로 세금이라 할 수 있다. 그래서 미국의 법학자인 올리버 W. 홈즈는 "세금은 문명사회의 대가"라고도 했다.

물론 세금이 나라가 원활하게 운영되고 모두가 건강하고 풍요로운 삶을 살아가기 위한 목적'만'으로 활용되는 것은 아니지만(국회의원에게 지급되는 활동비 등도 세금에서 나가는데 그들의 활약에 비해 제공되는 금액이 많아 혈세가 아깝다는 보도가 이어지는 것을 떠올려 보면 이해가 될 것이다), 큰 의미에서 보면 그렇게 이해해도 무리가 없을 것이다. 국가라는 하나의 거대한 시스템을 가동할 때 필요한 돈이 바로 세금이라고 말이다.

세금을 내야 하는 의무는 최상위법인 「헌법」 제38조에 규정된 국방과 납세, 교육, 근로 등 국민의 4대 의무 가운데 하나다. 그렇기에 만약 세금을 내지 않거나, 자신의 소득보다 세금을 적게 낸다면 국가로부터 여러 혜택을 받으면서도 의무를 다하지 않는 상황이라고 볼 수 있다. 요즘처럼 신용, 체크카드 사용이 활성화된 상황에서는 개인사업자들의 탈세가 옛날처럼 쉽지는 않지만 그럼에도 탈세의 기법은 날로 진화해 다양하게 이뤄지고 있다. 다만, 한국 국적을 보유한 사람이라고 할지라도 자신의 직업이나 사업장이 외국에 있어서 그곳에서 소득이 발생한다면, 조세협약에 의거해 한국 국세청에 세금을 낼 의무를 면제받는다. 이는 역으로 한국에 와서 정당한 근로계약에 따라 근무하는 타국 국적의 사람도 한국에 세금을 내야 한다는 의미다.

내가 내야 할 세금은 어떤 것일까?

그렇다면 정부에서 걷은 세금은 어떤 식으로 쓰일까? 세금이 사용되는 용도를 대략적으로라도 알고 있다면 경제 전반에 대한 이해를 높일 수 있다. 재테크에서는 주로 직접세 분야와 밀접하게 연결이 되어 있다.

한국의 세금은 크게 중앙정부의 살림을 위해 내는 국세와 지방자치단체의 살림을 위해 내는 지방세로 나눌 수 있다. 국세는 수출입 과정에서 부과되는 관세와 통관 절차와는 관계없이 부과되는 조세인 내국세로 나뉜다. 이 내국세는 다시 세금을 내야 하는 의무를 지닌 자(납세의무자)와 최종적이며 실질적으로 세금을 내는 자(조세부담자)가 일치하느냐 아니냐에 따라 구분된다. 일치하면 직접세, 그렇지 않으면 간접세로 분류할 수 있다. 구체적인 세금의 이름인 세목을 들으면 이 내용에 대한 감이 더욱 빨리 올 것이다. 직접세로는 소득세, 법인세, 종합부동산세, 상속세, 증여세 등이 있으며, 간접세로는 부가가치세, 개별소비세, 주세, 인지세, 증권거래세 등이 있다. 간접세 가운데 우리 실생활에서 자주 마주치는 것은 부가가치세인데 이 세금은 재화나 용역이 생산되거나 유통되는 모든 거래단계에서 발생하는 부가가치를 과세대상으로 보고 매기는 간접세다.

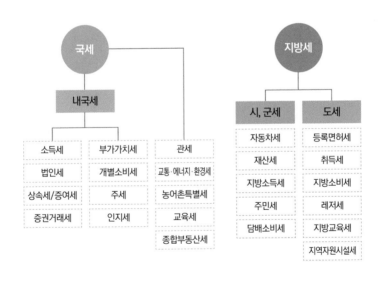

세목별 조세제도(출처: 한국조세재정연구원)

만약 당신이 편의점에서 초콜릿 바를 최종소비자가 3,000원에 샀다면, 여기에는 물건의 원가와 원가의 10%가량으로 계산하는 부가가치세가 함께 포함돼 있다. (가끔 영수증을 살펴보면 물품의 공급가액과 부가세를 별도로 표기하기도 한다. 그리고 마트 영수증을 보면 부가세가 붙지 않는 두부나 콩나물, 시금치 같은 비가공 식료품에는 별표가 붙어 있기도 하다.) 따라서 당신은 물건을 사면서 생산과 유통 과정에서 발생하는 모든 부가가치에 대한 세금을 납부한 것인데, 생산이나 유통, 판매를 한 주체가 아니기에 이 세금은 간접세로 봐야 하는 것이다. 당신에게 물건을 판매한 사업자는 해마다 2회에 걸쳐 매출에 따른 부가세를 신고하고 정부에 납부를 해야 한다.

또한 세금에는 특별한 목적을 위해 징수하는 목적세도 있다. 교육세와 교통·에너지·환경세, 농어촌특별세가 이에 해당한다.

소득에도 종류가 있다

앞서 우리는 '소득이 있는 곳에 세금이 있다'는 것에 대해 살펴봤다. 그렇다면 이 소득은 어떤 것들을 지칭하는 것일까? 기본적으로 현행 「소득세법」은 사람들이 벌어들이는 소득을 종류별로 분류하고 있으며, 소득마다 과세방법을 다르게 적용하고 있다. 종합소득, 퇴직소득, 양도소득 등으로 크게 나뉘는 소득은 각 개인에 따라 별도로 계산되며 신고와 납부하는 방법도 각기 다르다.

우리에게 가장 친숙한 소득은 이 가운데 종합소득이다. 세무당국이 종합적으로 과세하는 대상이어서 종합소득이라고 부르는데, 여기에 해당하는 소득 항목은 근로소득과 사업소득, 이자소득, 배당소득, 기타소득 등이다. 근로소득이란 간단히 근로한 대가로 받는 일체의 금품을 가리킨다. 그렇다면 이 소득을 받는 이는 근로자로서 임금을 받기 위해 다른 누군가의 지휘나 명령에 따라 근로를 제공하는 사람이라 할 수 있다. 근로소득에 대해 좀 더 복잡하게 쓴 문장을 인용하자면, "지급형태나 명칭을 불문하고 성질상 근로의 제공과 대가관계에 있는 일체의 경제적 이익을 포함하며 직접적인 근로의 대가 외에도 근로를 전제로 그와 밀접하게 관련돼 근로조건의 내용을 이루고 있는 급여"라고 나온다.

반면, 사업소득은 독립된 자격으로 계속적, 반복적으로 재화 또는 용역을 제공하고 받는 금품을 말한다. 다른 사업주에 종속되지 않고 계속적이며 반복적으로 재화나 용역을 제공하는 사람을 사업자라고 하며, 이 행위를 통해 버는 소득이 바로 사업소득이다.

소득 측면에서 딱 떨어지게 구분되기 어려운 근로행위를 제공하는 이들도 있는데 우리가 '프리랜서'로 부르는 이들이 여기에 해당한다. 세법에서 이들은 '인적용역소득자' 또는 '자유직업소득자'로 분류될 수 있으며 프리랜서는 사업자등록이 의무는 아니다. 다만, 상당수 프리랜서는 다른 법인이나 개인사업자와 거래를 통해 금전적 이익을 취하기 때문에 결과적으로는 세금 신고를 위해 사업자등록을 진행하는 경우가 많다.

개인(가정)이 고용한 베이비시터나 가사도우미는 엄밀히 따지면 프리랜서에 가깝지만 이들은 자신의 소득이 노출되는 것을 꺼리기 때문에 오히려 사업자등록을 하는 경우가 드물다. 개인을 위해 일하는 프리랜서가 사업자등록을 하지 않는 것이 탈세로 이어지는 대표적 사례라고 볼 수 있겠다.

세무당국은 프리랜서가 보수를 받을 때 소득세와 지방소득세를 합친 금액을 전체 보수의 3.3% 정도로 책정해 원천적으로 징수하고 있다. 프리랜서가 벌어들인 소득의 탈세를 방지하고 그가 벌어들인 소득 규모를 가늠하기 위한 방법이다. 하지만 이 같은 원천징수가 이뤄졌다고 하더라도, 세금 신고와 납부가 모두 마무리된 것은 아니다. 소득을 확정하고 그것에 따른 세율구간을 적용받아 환급을 받든, 추가납부를 하든 해야 하는 것이다. 이는 급여소득자의 연말정산과 동일한 접근이라고 생각하면 쉽다.

나는 얼마나 벌고 있을까?

근로소득자인 당신의 연봉은?

개인사업자라면 싫어도 매년 5월 종합소득세 신고를 하면서 연소득을 확인하게 될 것이기에, 급여생활자를 중심으로 설명을 해 보겠다. 부끄러운 고백이지만 필자는 신문사에 취직할 때 신입사원으로서 받는 연봉을 확인한 적이 없다. 정확히는 신문사의 초봉을 확인하고 입사하는 것이 당시에는 쉽지 않았다고 보는 것이 맞겠다. 지금처럼 취업 관련 포털이 활성화되지도 않았던 데다 어디든 붙으면 간다는 절실한(?) 심정이었기 때문이다.

필자 나름의 변명을 끌어다 붙이자면 국내에 있는 대부분의 언론사, 그중에서도 신문사는 매출 규모도 작고 임직원 수도 200명

내외의 조그마한 회사라서 삼성전자나 현대자동차, 국민은행 등의 대기업이나 금융그룹처럼 초봉이 만천하에 까발려질 일이 없다. 그저 알음알음 저 회사가 많이 준다더라, 이 회사가 생각보다 적더라 등의 이야기가 돌 뿐 연봉에 관한 고민을 할 수 있는 그런 업계는 아니라는 것이다. 또한 직원들이 해마다 연봉 협상을 하고 계약서에 사인하는 진정한 '연봉제'를 실시하고 있는 언론사가 극소수라는 점이 언론계의 폐쇄적인 급여체계에 일조하고 있다. 특히 언론사는 통상임금을 낮춰 4대 보험, 각종 수당 등의 고정비 지출을 낮추되 업계 내의 연봉 수준을 맞춰 주고 싶은 욕구가 아주 강한 곳이라 통상임금을 산정하는 기준이 되는 기본급을 무척 낮은 수준으로 유지하고 있다. 총 급여를 인상하는 일은 있어도 기본급을 인상하는 결정은 내리지 않는다거나, 설령 기본급을 올리더라도 물가 인상률보다 더 적은 수준으로 찔끔 올리고 마는 것도 모두 '꼼수'에 해당하는 연봉 산정 과정이다.

다만, 기본급이 너무 낮으면 회사는 구인에 어려움을 겪기 때문에 이를 보완하려는 목적에서 격월로 상여금이란 별도 항목을 만들어 급여에 포함한다. 특히나 언론계는 아직까지 주 52시간 근로가 의무화되지 않은 탓에 야근수당과 휴일수당 등 각종 수당이 여전히 중요한 급여 항목으로 여겨진다. 이렇게 되면 기본급을 기준으로 산정하는 수당의 특성상, 기본급을 올리면 인건비 항목의 연쇄적인 증가로 이어지는 상황이 될 수 있다. 따라서 대부분의 언론사에서는 "급여를 올려 달라"는 노조의 요구에 "기본급을 올려 주느니 상여금을 늘려 총 급여액을 높여 주겠다"거나 "새로운 수당을 개설해 월 얼마씩 더 주겠다"는 당근을 제시하는 경우가 많다. 아마도 이 같은 모습은 비단 언론사에만 해당하는 것은 아니고 제조업 기반의 중견, 중소기업에서 어렵지 않게 찾아볼 수 있는 관행일 것이다. 최근에는 이 같은 꼼수를 차단하기 위해 통상임금 책정 기준에 기본급뿐만 아니라 상여금도 포함해야 한다는 법원의 판단이 나오기도 했다.

평균 연봉 상위 기업(2021년 기준, 자료: 금융감독원 전자공시시스템)

한 회사에서도 직원마다 연봉이 다르다고?

같은 회사를 다니고 입사연차가 같더라도 연봉이 다른 일은 왕왕 발생한다. 이는 개별 근로자가 자신의 정확한 연봉을 몰라서일 수도 있고, 아니면 회사의 수당 지급 기준에 따라 군필자와 미필자의 차이 등으로 급여가 달라질 수도 있다.

대개 많은 이는 자신이 매달 받는 월 급여를 합쳐 연봉을 계산한다. 하지만 이 방법은 100% 맞는 계산은 아니다. 매달 받는 기본급과 상여금 외에 통신 및 교통 지원비와 같은 각종 수당, 전년도 매출 성과에 따른 성과급(인센티브) 등을 다 합쳐야 연봉을 그나마 정확하게 산출할 수 있다. '그나마'라고 단서를 붙인 것은 이 금액이 세전인지 세후인지를 알아야 하기 때문이다. 필자만 하더라도 급여 명세서에 나오는 금액을 기준으로 대략적으로 연봉을 추정해 오다가 입사 3년차가 되던 해 신용대출의 일종인 마이너스 대출을 받기 위해 상담을 받다가 정확한 연봉을 확인했던 기억이 있다.

금융권에서는 기본적으로 신용대출을 해 주기 전에 대상자가 근로소득이 있는 사람일 경우, 근로계약의 상태를 확인하고 그가 어떤 사업장에서 근무하며 한 해에 얼마를 벌고 있는지를 살핀다. 이 소득에 따라 얼마를 대출해 줄 수 있느냐가 갈리기 때문이다. 이때 은행에서는 근로소득원천징수영수증을 꼭 지참하라고 하는

데, 이걸 바탕으로 연봉을 짐작해 볼 수 있다. '연봉＝근로소득원천징수금액'은 아니지만, 연봉 금액이 근로소득원천징수금액의 몇 배가 될 정도로 많은 경우는 없기 때문이다. 거칠게 말하자면 근로소득원천징수영수증에 찍힌 금액에 복지카드 사용금액이나 복지 포인트 정도를 더하면 연봉에 아주 근접한 금액이 나온다고 보면 된다. 또한 근로소득원천징수영수증으로 확인한 금액은 세무당국이 개별 근로자에게 세금을 부과할 때 활용하는 과세기준이기도 하다.

당신이 사업자라면 절세를 위해 고려해 봐야 할 사항들

세무당국은 공평한 과세를 실현하기 위해 종합과세 제도를 도입하고, 세금이 지닌 소득재분배 기능을 강화하기 위해 노력하고 있다. 대한민국 정부가 수립된 이래 세금 제도는 계속해서 손질돼 왔다. 특히 가장 큰 변화는 1974년 종합과세제도를 도입해 납세자가 벌어들이는 소득을 총체적으로 판단, 세금을 부과한 것에 있다.

한국의 자영업자 비중은 21.5%(2020년 기준)로, 노동이 가능한 인구 가운데 경제활동에 참가하고 있는 사람, 즉 취업자 4명 가운데 1명은 자영업자에 속한다. 자영업자는 현행 세금제도 내에서 '사업자'로 분류되며 부가가치세를 납부해야 하는 재화 또는 용역을 공급하는 과세사업자, 부가가치세가 면제되는 면세사업자 등으로 나뉜다. 또한 이 과세, 면세 사업자는 사업의 주체가 개인이냐 법인이냐에 따라 다시 개인사업자, 법인사업자로 구분된다.

앞서 언급한 법인에 속해 근로를 하는 회사원과 달리, 개인사업을 영위하는 사업자들은 절세가 곧 수익과도 연결되는 만큼 절세방법에 더욱 민감할 수밖에 없다. 세금을 합법적으로 줄이기 위해서는 사업운영을 위해 투입된 비용을 '경비'로서 처리할 수 있도록 하는 것이 가장 중요하다. 예를 들어, 직원 급여와 퇴직금, 각종 공과금, 업무용 차량의 취득이나 유지비, 대출 이자비용, 경조사비, 기부금 등이 경비로 처리될 수 있는 항목에 속한다.

경비로 인정받는 금액을 늘려 최종적으로 내야 하는 세금을 줄이는 이 방식은 고전적 세테크라는 점에서, 뭇사람들의 상상을 뛰어넘는 다양한 방식의 경비처리도 존재한다.

취재 중에 만난 어느 회사의 고위직 임원은 서울 강남구의 고가주택에 그야말로 '고액 월세'를 내고 살고 있었다. "왜 높은 연봉을 받으면서 굳이 월세를 고집하시느냐, 이 동네에 좋은 집 여러 채 사실 능력이 되지 않느냐"는 필자의 질문에, 그는 자신과 특수관계자인 대표가 운영하는 법인에서 매달 나가는 월세를 법인 비용으로 처리해 대신 내준다고 털어놨다.

실제로 서울 강남구나 서초구 공인중개사 사무소를 돌아다니다 보면, 한 달에 800만 원 이상 내야 거주할 수 있는 월세 고가주택은 대부분 법인 고객이 손님이라는 말을 자주 듣는다. 심지어 한 공인중개사는 필자에게 "사업하는 아버지가 딸을 위해 월세로 계약하고 1년치 월세 영수증을 한번에 끊어 가기도 하더라."라고 말한 일도 있다. 아마도 임차주택을 종업원의 사택으로 제공할 시 법인 비용으로 처리가 된다는 점을 적극(?) 활용한 것으로 짐작된다.

이처럼 극단적인 사례를 소개하면서까지 강조하고 싶었던 것은, 개인사업자든 법인사업자든 사업체를 운영하는 경우라면 영혼까지 끌어모아 사업에 들어간 비용을 놓치지 않고 신고해야 한다는 사실이다. 그래야 사업자에 남는 순이익이 한 푼이라도 더 생긴다.

사업하며 들어간 돈, 증빙이 제일 중요해

세무당국이 사업자를 대상으로 과세할 때는 개인사업자인지, 법인사업자인지를 구분한다. 개인사업자는 개인이 사업주체이므로 그 소득과 부채 모두 개인의 것으로 본다. 그러나 법인사업자는 주주들이 자본을 출자해 설립한 법인격사업자를 말한다. 따라서 법인의 소득은 대표이사의 것이 아닌 그 기업 자체의 소득이 된다.

사업자에 적용되는 세율도 차이가 있다. 개인사업자에 대한 소득세는 최저 6%에서 최고 45%까지 부과된다. 반면, 법인소득에 대한 법인세는 10~25% 선에서 부과된다. 소수의 대기업을 제외한 대개의 법인은 22% 이하의 세율을 적용받는다.

새롭게 사업자로 첫발을 내딛을 때, 개인으로 할지 법인으로 할지 고민하는 경우가 있다. 통상 법인사업자는 개인사업자에 비해 회계 세무처리가 상대적으로 복잡하고, 일정 규모 이상의 사업자나 회사의 지속성장이 목표인 경우에 적합하다고 전문가들은 말한다.

이 책에서는 온라인 플랫폼을 통해 소매업을 하거나 동네에서 작은 가게를 차려 1인 사업을 하는 개인사업자의 경우로 초점을 맞추고자 한다.

사업자는 사업에 사용한 비용 전부를 빼놓지 않고 증빙해 소득금액을 줄이면 결과적으로 세 부담을 줄이는 것이 가능하다. '부가가치세=매출세액-매입세액'이라는 공식을 기억해 두는 것도 좋다. 이 공식에서 매입세액은 세금계산서 수취분의 매입세액이나 신용카드나 현금영수증을 사용한 매입세액을 더한 금액이 되며 우리가 사업을 할 때 필요한 것을 구입하면서 발생한 비용이라 할 수 있다. 여기에 공제세액 등을 빼면 최종적으로 납부해야 하는 세액이 나오게 되는 것이다.

또한 소득공제와 세액공제 금액을 늘리는 것도 비슷한 효과를 거둘 수 있는데, 기본공제와 추가공제, 연금보험료공제, 기타소득공제 등을 고려해 최대한 자신에게 해당할 수 있는 부분이 있는지 점검해 볼 필요가 있다. 세액공제는 자녀세액공제, 연금저축, 정치자금기부금 세액공제 등이 해당된다(소득공제는 세율을 적용하기 전 단계에서 세금을 매겨야 할 대상이 되는 소득을 줄이는 것, 세액공제는 세율을 적용해 세금이 산출된 이후 그 세금을 줄이는 것을 의미한다).

절세를 부르짖는 많은 전문가는 요즘은 예전과 다르게 매출을 줄이는 꼼수가 통하지 않는다는 점을 강조하고 있다. 길거리 포장마차에서도 신용카드를 받는 마당에, 세무당국에 숨길 수 있는 매출은 점점 더 자리를 잃어 가고 있다는 이야기다. 따라서 매입세액에서 빠짐없이 공제를 받아야만 실질적인 절세에 이를 수 있다고 지적한다. 대다수 절세 관련 서적과 유튜브 등에서는 자료가 있는 거래를 진행하라는 점을 우선적으로 강조하고 있다. 가짜 세금계산서를 받는 일은 없어야 하며 정상적인 세금계산서를 받아 매입처리를 하라는 조언이다.

한편, 업무와 관련한 지출 가운데 3만 원을 초과하는 금액은 적격증빙을 받아야 한다는 규정이 있다. 적격증빙이란 세금계산서나 신용카드 매출전표, 현금영수증 등을 말한다. 대개 3만 원을 초과하는 금액에 대해 간이영수증을 받지 못하면 경비처리가 안 된다고들 알고 있지만, 사실과는 다르다. 업무와 관련하여 지출한 비용은 무조건 경비로 인정되며 적격증빙이 없을 경우 가산세(2%)가 붙지만, 아예 모든 금액을 비용으로 인정받지 못하는 것보다는 낫기에 영수증을 잊지 말고 챙겨야 한다.

또한 사업 관련 비용을 지출하면서 매번 세금계산서나 현금영수증(증빙용)을 끊는 것도 어려운 일이기에, 사업자를 위해 나온 매입세액환급 전용카드를 사용하는 방법도 자주 추천된다. 뿐만 아니라 카드사나 은행 등 금융권에서는 소상공인으로 불리는 개인사업자를 위해 다양한 상품과 서비스를 내놓고 마케팅을 펼치고 있으니, 이를 최대한 활용하는 것도 좋다(소상공인 상생 마케팅 플랫폼인 신한카드 마이샵 파트너, 세무지원과 사업분석 등을 제공하는 현대카드의 마이비즈니스 M3 Edition3 등이 대표적인 사례라 할 수 있겠다).

한편, 개인사업자는 경조사비도 사업상의 비용으로 처리할 수 있기에 잊지 말고 증빙 서류를 챙겨 두는 것이 좋다. 거래처에 대한 경조사비는 접대비로 잡힌다. 원칙적으로 접대비는 1만 원을 넘기면 적격증빙을 해야 하지만 경조사 성격을 띄게 되면 20만 원 이하에 한해 청첩장이나 부고장 등으로 대신 제시할 수 있다. 하지만 건당 20만 원을 넘으면 금액을 아예 인정받을 수 없으니 이 부분도 잊지 않고 챙겨야 한다. 만약 자신의 영업장에서 일하는 종업원에게 경조사비를 챙겨 줘야 할 일이 생긴다면, 복리후생비로 들어간다. 20만 원이 넘어도 괜찮지만 청첩장이나 부고장을 갖고 있어야 한다.

'세금' 소리만 들어도 노이로제라면 '이들'이 대안

앞서 아주 간략하게 개인사업자나 근로소득자를 위한 기본적인 절세 방법을 살펴봤다. 그러나 책이나 인터넷에서 활자로 읽었을 때는 '아, 이렇게 하면 되겠구나.' 하고 이해가 가도 실제로 홈택스 홈페이지만 열면 '무엇을 어떻게 해야 할지' 막막해질 수 있다. 특히나 서점에 나와 있는 절세 관련 서적들은 기본적으로 독자가 세무 관련 지식을 갖춘 이들이라는 전제 아래 적어 놓은 글들이라 쉽게 이해하기 어려운 것도 사실이다. 이럴 때는 차라리 궁금한 내용을 전문가인 세무사에게 직접 묻는 것이 빠르고 속 편한 방법일 수 있다.

국가나 지방자치단체에서는 영세 납세자를 위해 무료 세무 상담이나 무료 세무대리인 제도를 운영하고 있다. 대표적인 사례로

행정안전부 홈페이지. '업무안내＞지방재정경제실＞마을세무사' 순으로 메뉴를 따라 들어가면 자신이 살고 있는 곳의 마을세무사를 찾을 수 있다.

는 세무사들이 재능기부 차원에서 제공하고 있는 '마을세무사'를 꼽을 수 있겠다. 2018년을 기준으로 전국에 1,400명 가까운 이들이 마을세무사로 활동하고 있다. 이들을 찾아가려면 행정안전부 홈페이지 메뉴에서 '업무안내＞지방재정경제실＞마을세무사' 순으로 들어가, 자신이 살고 있는 지역의 마을세무사가 누구이며 어디에 있는지 살펴보면 된다. 이 마을세무사들은 직접 찾아가 대면 상담을 할 수도 있고, 전화나 이메일로도 상담받을 수 있다. 마을세무사는 인기가 높기에 사전예약이 필수다. 다만, 이 시스템의 도입 목적 자체가 영세 납세자를 위한 지원에 맞춰져 있기에 고액의 양도세, 상속증여 등의 문제를 상담하는 것은 어렵다.

한국세무사회의 무료상담위원 제도를 활용하는 것도 하나의 방법이다. 이 제도는 앞서 살펴본 마을세무사와 다르게 영세 납세자 대상이 아니어서 상담 영역에 제한이 없다는 점, 세무사들의 공식 모임인 한국세무사회에서 제공하는 편의여서 신뢰도가 높다는 점 등이 장점으로 꼽힌다. 인터넷과 전화상담, 방문상담 모두 가능하며, 세무사회 홈페이지나 전화(02-587-3572)를 활용하면 된다. 방문할 경우 주소는 서울 서초구 명달로 105(서울 지하철 2호선 서초역에서 대법원 건너편 방향으로 나와 남부순환로 쪽으로 도보 7~8분가량 걸어가면 보인다)다. 또한 부가가치세 납부 기간, 종합소득세 납부 기간 등에는 관할 지역의 세무서를 방문하면 담당자가 민원인을 대신해서 '셀프 납부'를 할 수 있도록 최대한 지원하고 있으니 어렵고 복잡한 세무 처리에 대한 도움을 받아 보는 것도 좋겠다.

필자는 종합소득세 납부를 위해 직접 세무서에 찾아가 담당 공무원에게 문의했던 경험이 있다. 회사에서 받는 급여 외에 출판사 원고나 문화센터 강의 등의 부업을 통해 번 소득을 종합소득세 처리 기간에 신고하고 세금을 납부해야 한다는 사실을 제대로 모르고 있던 때였다. 재테크에 별 관심 없이 살던 시기여서, 주변에서 "근로소득과 기타소득을 합친 금액이 얼마 이하면 신고를 아예 안 해도 된다"고 설명하길래 그런가 보다 하고 넘겼다. 그러나 당연한 일이지만 국세청은 필자가 어떤 일로 얼마를 벌었는지 모두 다 알고 있었다. 금액이 워낙 소액이라 굳이 당사자에게 연락해서 "어서 세금을 내라"며 닦달하지 않았을 뿐.

당시 납세에 얽힌 에피소드를 떠올리면 웃음이 날 정도로 실수의 연속이었다. 일단은 미납 세금이 있다는 이야기에 홈택스 홈페이지에 접속해 납세 의무를 다하려 했지만, 가산세를 별도로 더 해 내야 하는 항목에서 발이 묶여 몇 십 분을 허비하다 결국 관할 세무서로 달려가야 했다. "홈택스 너무 어려워요."라며 로비에서 만난 안내 직원에게 사정을 설명하자 곧바로 관련 업무를 맡은 직원을 소개해 줬고, 15분도 안 돼 미납세와 가산세를 낸 뒤 마음 편히 세무서를 나올 수 있었다. 도대체 어떻게 해야 할지 모를 경우, 세무서에 찾아가 문의하는 것이 제일 좋은 방법이라는 것을 체득한 순간이었다. 그러나 개인사업자 등이 몰리는 부가가치세 신고 기간의 경우, 납부 시한이 임박하면 오랫동안 대기할 가능성이 높다. 따라서 직접 찾아가기로 마음먹었다면 되도록 신고 기간 초반에 가는 것을 추천한다.

단순히 세금 납부에 초점이 맞추는 것이 아닌 현 자산 상태와 가장 적합한 '절세' 지름길을 찾고 싶다면 돈을 제대로 써야 한다. 효과적인 세무 상담으로 절약할 수 있는 돈은 몇 만 원 수준이 아니라 몇 억 원, 그보다 더 높은 금액일 수 있기에 지인의 소개나 인터넷 검색 등 다양한 방법을 총동원해 상담받고자 하는 분야에서 경험이 풍부한 세무사를 찾아가 유료 상담(대개 시간당으로 매겨지며, 5~10만 원 수준)을 받아 보는 것도 좋다. 상담은 한 사람의 세무사에게만 받는 것보다 자신이 고민하는 부분에 대해 여러 명의 세무사가 어떤 답을 내놓는지를 비교, 분석해 법의 테두리 안에서 최적의 솔루션을 제시하는 세무사에게 세무처리를 맡기는 것이 바람직하다. 고액 주택을 여러 채 보유하고 있는 한 지인은 가족 3대가 믿고 맡기는 세무사가 따로 있다는 고백을 한 적이 있는데, 이처럼 가족 자산에 관해 속속들이 잘 아는 단골 세무사를 정해 두고 세금 문제를 논의하는 것도 좋은 방법이다.

연말정산 카드 소득공제 많이 받으려면?

● 급여 소득자는 신용카드 이용금액에 의한 소득공제를 잘 활용하면 과세표준 금액을 낮출 수 있다. 신용카드 소득공제는 1월 1일부터 12월 31일까지 사용한 신용카드 이용금액 가운데 이듬해 첫 영업일까지 매입 청구된 금액을 대상으로 한다.

● 매해 10월 이후 국세청 '연말정산 미리보기'를 통해 현재까지 사용한 총 금액을 확인한다. 신용카드로 공제받을 수 있는 기본한도 25%를 채운 후에는 체크카드를 적극적으로 사용한다. 기본한도란 소득공제를 신청하는 근로자가 연간 수령한 연소득에서 최소 25% 이상을 카드로 써야만 소득공제 대상 금액이 발생하는 조건을 뜻한다. 만에 하나 기본한도 25%를 초과한 금액이 없다면 신용카드에 의한 소득공제 절세 혜택을 아예 받을 수 없다.

● 신용카드에 의한 소득공제 한도는 기본 300만 원에 전통시장 사용액(100만 원 한도), 대중교통 사용액(100만 원 한도), 도서공연비 지출액(100만 원) 등을 합쳐 총 600만 원이다.

● 공제한도는 분야별로 다르다. 신용카드 이용금액은 공제율이 15%로 낮은 편이다. 반면, 체크카드 이용금액은 30%, 도서공연비 30%, 대중교통비 40%, 전통시장 이용금액 40%로 제각각 다르다.

● 맞벌이 부부의 경우 소득이 낮은 사람 카드를 우선 사용해 소득공제 문턱을 넘기는 것이 중요하며, 연소득 차이가 많이 난다면 소득이 높은 쪽에 몰아 사용하는 것이 좋다. 중고차를 구입할 때 신용카드를 사용했다면 차량 구입비의 10%까지 소득공제 금액으로 인정된다.

내가 누구게?

나는 '신용카드'야

비자, 마스터, 유니온페이… 카드에 붙은 '이건' 뭐지?

신용카드 잘 쓰는 법

신용대출, 잘 알고 쓰자

신용등급, 신뢰로 쌓는 자본

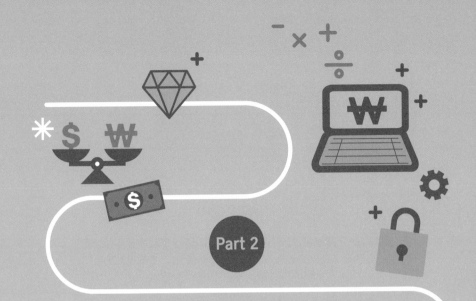

#3. 신용카드와 대출, 제대로 활용하자

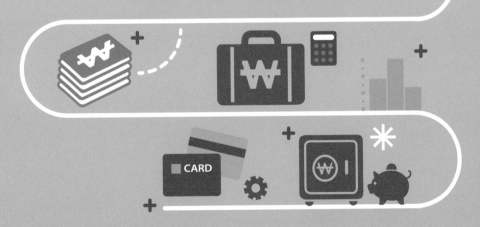

2020년 한 해 신용·체크카드 이용액은 877조 3,000억 원에 달한다.
같은 해 기준으로 신용카드 누적 발급매수는 1억 1,373만 개로,
경제인구 1인당 평균 2.5개 수준이다.

: 금융감독원

내가 누구게?

한국은 물건이나 서비스를 구입할 때 '이것'을 사용하는 빈도가 높은 편이다. 지난 2016년 실시한 어느 조사에 따르면 우리나라 전체 결제 금액 가운데 '이것'을 사용한 비중은 50.6%로 절반을 넘어섰다. 반면, 이웃 나라 일본은 수년 전까지는 '이것'을 받아 주는 음식점을 찾기 어려울 정도로 현금 위주의 결제 시스템을 선호했다. 캐나다나 미국 등 미주 대륙에서는 '이것'으로 결제하는 비율이 전체의 20~30% 내외(2015년 기준)라고 한다. 비슷한 시기 독일은 1.3% 정도만 '이것'을 사용하고 절대 다수는 현금이나 다른 결제 방식을 활용했다고 한다. 최근 이뤄진 조사에서는 '이것'을 사용하는 이들이 계속해서 늘고 있다는 사실을 확인할 수 있다.

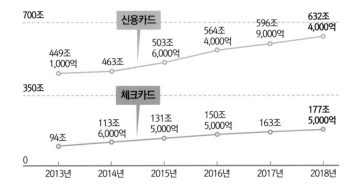

단위: 원

연간 카드 승인 금액 추이(출처: 여신금융협회)

그렇다면 우리나라에서 유독 '이것'의 사용빈도가 높은 이유
는 무엇일까. 제일 먼저 꼽히는 이유는 바로 투명한 과세를 위한
정부 정책이다. 1998년 외환위기 당시 소비가 완전히 얼어붙으면
서 정부는 내수를 활성화하는 동시에 개인사업자, 이른바 자영업
자들이 소득을 탈세하는 상황을 철저하게 막아야 한다는 목표를
세웠다. 타인의 명의로는 계좌를 만들 수 없도록 하여 금융 시스템
전반을 투명하게 만들고 지하경제로 빠져드는 돈줄의 흐름을 막
았던 금융실명제처럼, 정부는 '○○의무 수납제'라는 제도를 신설
함으로써 '이것'을 이용한 결제를 거절하지 못하게 했다. 자영업자

들은 어쩔 수 없이 수수료를 부담하면서 소비자가 건네는 '이것'을 받아야 했다. 30년 가까이 시간이 흐른 지금 정부는 소상공인의 결제 수수료 부담을 줄여 주겠다며, 모바일 지급 기술을 활용한 제로페이라는 간편결제 서비스를 선보이기도 했다. '이것' 사용 비중이 크게 늘면서 오히려 '이것'을 발급해 주는 회사가 앉은 자리에서 수수료 장사를 한다는 비난이 일 정도라는 점은, 세월에 따라 트렌드가 크게 변했다는 점을 확인할 수 있는 부분이다.

재테크와 절약을 모토로 모인 온라인 카페에서는 '이것'을 발급해 주는 회사에서 고객 유치를 위해 제공하는 여러 혜택을 알뜰살뜰 챙기기 위해 노력하는 이들의 글을 쉽게 찾아볼 수 있다. 가장 인기가 있는 '이것'의 혜택은 결제금액에 따른 항공사 마일리지 적립과 특정 업종에서 일정 금액 이상 결제했을 때 제공하는 페이백 서비스 등이다. 때로는 '이것' 표면에 지용성 펜으로 대표 혜택을 적어 둠으로써 지갑에서 꺼내기 전에 사용처에 맞는 것을 고를 수 있도록 하는 팁이 올라오기도 한다. 기억력이 좋지 않은 사람도 이 방법을 쓴다면 할인·마일리지 적립 등의 혜택을 확실히 챙길 수 있다(다만, 글씨를 적은 탓에 '이것'이 지저분해진다).

나는 '신용카드'야

'이것'은 바로 신용카드다. 현대 한국인의 생활 속에서 막강한 존재 감을 떨치는 신용카드는 휴대하기 편리한 크기라는 점, 표면에 적힌 내용만으로는 그 가치를 파악할 수 없으며 도난 시 추적이 상대적으로 편리하다는 점에서 안전성이 뛰어나다는 평가를 받는다. 화폐는 아니지만 화폐 기능을 하는 신용카드는 조개나 청동, 구리, 금 등과는 차별화되는 모습으로 우리 삶에 스며들었다.

처음 신용카드가 등장한 것은 1900년대 초, 미국에서다. 미국의 백화점과 석유회사들은 별도의 자산과 연동되는 카드를 발급하기 시작했다. 일정 금액을 결제했을 때 포인트가 적립되는 브랜드나 가게별 적립 카드와 유사한 형태로 사용했던 것이다. 우리가 지금 사용하고 있는 신용카드와 유사한 형태의 등장은 1950년으로 거슬러 올라간다. 당시 프랭크 맥나마라 Frank McNamara 라는 인물이 사업차 뉴욕의 고급 레스토랑에 갔다가 지갑을 깜빡한 탓에 곤란을 겪었다. 그는 이 일에서 착안해 현금이 없을 때 현금처럼 쓰는 결제 수단에 대한 아이디어를 떠올렸다. 한 달 뒤 그의 변호사 친구인 랠프 슈나이더가 레스토랑에 다이너스 클럽 카드의 제안서를 들고 간 것이 신용카드의 시초로 꼽힌다. 저녁식사를 뜻하는 '디너 dinner'와 '클럽 club'이란 말이 결합하여 만들어진 이름도 프랭크 맥나마라의 '고급 레스토랑에서 외상으로 먹을 수 있는 카드를 만들면 좋겠다'는 생각에서 출발한 것이다. 이 카드는 개인의 신용을 기반으로 구매를 할 수 있으며 소비자는 매달 말일에 자신의 앞으로 온 청구서 금액을 모두 지불해야 했다. 다이너스 클럽이 서비스를 개시한 지 1년 남짓 지났을 때 가입한 회원은 2만 명에 달할 정도로 급속도로 불어났다. 1952년 뉴욕의 플랭클린내셔널뱅크가 금액 충전이 가능한 첫 카드를 그들의 대출 고객을 상대로 발급한 것도 현재 신용카드에 영감을 준 것으로 꼽힌다.

미국 캘리포니아주의 뱅크오브아메리카 Bank of America 가 발행한 '뱅크아메리카드 BankAmericard'는 전 세계적으로 신용카드 시장을 확대하는 데 큰 역할을 했다. 뱅크오브아메리카는 미국 내 다른 주 은행들에게 신용카드 라이선스를 제공했고 이후에는 캐나다은행과 영국 바클레이스은행 등에게 라이선스를 지급하게 되었다. 각국에서 라이선스가 발행된 신용카드는 캐나다에서는 차젝스^{Chargex}, 프랑스에서는 카르트 블뢰^{Carte Bleue}, 영국에서는 바클레이카드^{Barclaycard}란 이름으로 사용됐다. 서구권을 아우르는 결제 수단의 등장인 셈이었다. 이후 아메리칸익스프레스카드가 1959년 판지와 셀룰로이드를 대체하는 최초의 플라스틱 카드를 선보이는 데 성공했으며, 첫 플라스틱 카드 발급 5년 만에 100만 장의 카드가 발급됐다.

우리나라에서는 1969년 7월 신세계백화점이 자사제품 판매 증진을 위해 고객카드를 발급한 것을 신용카드의 시작으로 본다. 개인 신용을 바탕으로 발급되는 신용카드는 1978년 외환은행이 글로벌 카드 브랜드인 비자^{VISA}와 손잡고 해외 여행자를 대상으로 카드를 발급한 것이 처음으로 기록돼 있다.

국내 은행 중에서는 국민은행이 1980년 카드영업을 시작했으며 1982년에는 조흥은행^{현 신한은행}을 비롯한 5개 은행이 공동으로 출자해 은행신용카드협회^{BC카드}를 설립하면서 은행권을 중심으로 카드영업이 본격적으로 닻을 올렸다. 외국계 카드사로서는 아메리칸익스프레스^{American Express}와 다이너스 클럽^{Diners Club}이 각각 1980년과 1984년 한국 시장에 진입했다.

비자, 마스터, 유니온페이…
카드에 붙은 '이건' 뭐지?

사용하는 신용카드의 우측 하단을 보면 비자나 마스터, 유니온페이 등의 로고나 글씨가 적혀 있다. 우리가 사용하는 모든 카드는 카드사와 가맹 협약을 맺은 곳^{가맹점}에서만 사용할 수 있다. 이 표시는 해당 카드가 속해 있는 해외 결제 네트워크를 나타내는 것인데 동일한 마크가 붙어 있는 가맹점에서 자유롭게 결제 수단으로 활용할 수 있다는 의미로 이해하면 된다. 국내의 경우 카드 소지자가 가맹점에서 물건을 구매하면 결제에 관한 정보가 국내 카드사(현대, 신한, 국민, BC 등)에 전달된다. 이후 카드 소지자는 카드사로부터 사전에 정해진 날에 맞춰 결제대금 고지서를 받게 된다. 반면, 해외에서 신용카드를 사용할 경우 국내 카드사와 협력하고 있는 해외 결제 네트워크, 곧 해외 카드사의 지불 처리 단계가 추가된다. 비자와 마스터, 아멕스, 유니온페이 등은 바로 이 해외 결제를 원활하게 해 주는 결제 네트워크라고 보면 된다. 국내 카드사가 전 세계 가게들과 직접적으로 가맹을 맺기 어렵다는 점을 보완한 시스템이라고 할 수 있다.

이들 해외 결제 네트워크들은 회원 레벨에 따라 차별화된 서비스를 제공하고 있다. 연회비가 올라가고 연간 사용금액이 늘어날수록 회원이 누릴 수 있는 혜택도 커진다. 비자의 시그니처 카드나 마스터카드의 월드마스터 등은 프리미엄급 레벨의 신용카드라 할 수 있다. 연회비 10만 원대 신용카드를 사용할 경우 공항라운지를 무료로 사용할 수 있는 PP카드를 제공한다거나 호텔 등에서 무료 발레파킹 서비스를 이용할 수도 있다. 최고 등급 레벨의 카드는 연회비가 한 해에 백만 원 정도 수준이다.

최근에는 중국 200여 개 은행이 연합해 만든 중국 국영카드사의 네트워크인 유니온페이와 가맹 계약을 맺은 국내 상점도 눈에 띄게 늘어나는 추세다. 중화권 관광객들이 주로 사용하는 카드이기에 관광 수입을 위해 광화문이나 명동, 신사동 등 서울 주요 관광지에서는 심심치 않게 유니온페이 가맹점임을 알리는 표식을 볼 수 있다. 유니온페이는 중국 외에도 중화권 국가를 포함, 전 세계 150개국에서 네트워크를 보유하고 있다.

해외 결제 네트워크 가운데 비자와 마스터는 가장 널리 알려진 브랜드이기도 하다. 특히 우리나라 소비자들의 선호도가 높으며, 시장 점유율도 압도적으로 높은 브랜드라 할 수 있다. 마스터는 1966년 미국에서 설립된 캘리포니아 뱅크 카드협회에서 시작해 210여 개국에 진출해 있다. 한국에서는 신한과 우리, 하나 등 6개 카드사의 해외 결제 네트워크 점유율 1위 브랜드다. 비자는 1958년 미국 캘리포니아에서 시작해 전 세계 150여 개국 이상에서 사용 가능하다. 소비자 입장에서는 해외 결제 네트워크에 따라 수수료나 제공 혜택이 다르기 때문에 해외 겸용 카드를 만들 때 자신의 소비 형태에 잘 맞는 브랜드를 고르는 게 좋다.

아울러 해외 겸용카드를 사용할 때는 결제 방식을 미국 달러화나 현지 통화로 결제되도록 설정해 두는 것이 유리하다. 특히 최근 많은 소비자들이 전자제품이나 의류, 서적 등 다양한 물품을 해외 직구로 구입하는 일이 늘었는데 이때 해외 겸용 카드에 적용된 해외원화결제[DCC] 서비스를 해제하고, 현지 통화나 미국 달러화 기준으로 결제하도록 설정을 바꿔둘 필요가 있다.

DCC 서비스는 해외에서 신용카드로 결제할 때 원화로 물품 대금을 결제할 수 있도록 하는 서비스다. 이때 해외 결제 네트워크에서는 원화 결제를 위한 수수료로 물품 대금의 3~8%, 환전 수수료 명목으로 물품 대금의 1~2%를 추가로 청구한다. 그러나 현지 통화로 결제하면 굳이 부담하지 않아도 되는 비용이기에 직구 사이트는 물론, 해외 호텔 예약사이트나 해외 면세점 등에서 결제 전에 DCC 적용 여부를 확인할 필요가 있다. DCC서비스 여부를 확인하기 위해 5만 원 이상 결제 시 'SMS 승인 알림서비스'를 미리 카드사에 신청하면 유용하다.

• 한국 신용카드의 주요 역사

1978년	국내 첫 신용카드인 외환은행 비자카드 발급
1980년	국민은행 카드 영업 개시
1982년	조흥은행 등 5개 은행 공동출자로 은행신용카드협회(현 BC카드) 설립
1987년	신용카드업법 제정
1988년	LG카드, 삼성카드 등 전업 카드사 등장
1998년	여신전문금융업법 제정
2000년	신용카드 활성화 정책 개시
2003년	신용카드 대란
2014년	카드사 개인정보 유출 사건

신용카드 잘 쓰는 법

나는야 체리피커? 합리적 소비자!

신용카드와 관련한 신문기사를 읽다 보면, '체리피커'라는 단어가 종종 등장한다. 이 용어는 기업의 상품이나 서비스를 구매하지 않으면서 자신의 실속을 차리기에만 관심을 두고 있는 소비자를 말한다. 신포도 대신 체리^{버찌}만 골라 먹는 사람이라는 뜻으로, 신용카드 회사에서 고객 유치를 위해 마련한 이런저런 혜택을 골라 따 먹으면서도 카드 사용액은 기대보다 적거나 거의 없는 고객을 가리키는 말이었다. 이제는 기업의 서비스나 유통체계의 약점을 악용해 상품이나 서비스를 주문하고 잠시 사용한 후에 반품하는 등의 피해를 입히는 이들도 체리피커라고 부른다. 신용카드 업계에서 사용하던 용어가 유통계나 그 외 재계 전반에 널리 퍼진 사례라 할 수 있다.

신용카드 업계에서 시작했다고는 하지만 이제 신용카드를 발급받는 이들 가운데 체리피커라고 부를 만한 이는 없다고 봐야 한다. 월 사용액이 얼마 이상 되는 고객에게만 페이백이나 PP카드, 호텔 발레파킹 서비스 등의 특별한 혜택을 제공하기 때문이다. 카드사도 '이윤이 남아야 하는' 회사이다 보니, 고객과의 관계에서 절대로 손해 보려 하지 않는다. 과거에 '혜택이 좋은 카드'로 꼽혔던 신한카드의 대표 주유 카드인 RPM카드나 NH농협 NH올원시럽카드 등은 가입고객이 많이 몰리자 곧 판매가 중단되거나 연회비를 크게 높인 이후에 다시 시장에 나왔다. 그렇기에 소비자는 더욱 꼼꼼하게 카드 사용 계획을 세울 수밖에 없다.

필자는 카드에 주된 혜택을 적어 두고 지갑에서 꺼낼 때마다 적힌 내용을 확인하고 결제하는 방법을 사용하고 있다. 카드 사용자가 모든 카드의 혜택을 다 기억할 수는 없으니 카드 겉면이 지저분해지는 것을 감수하고, 깨알같이 혜택을 적는 식이다. 구식이지만 이 방법을 활용하면 카드명세서를 보면서 "아, 이 카드 학원교육비 10% 페이백 되는데, 마트에서만 썼네." 이런 후회를 할 가능성이 적어진다. 대신 매달 어디에 얼마나 썼는지 주기적으로 확인해야 한다.

만약 당신이 카드를 쓰기만 하고 명세서 확인을 안 하고 있다면 이제부터라도 이메일이든 모바일이든, 무조건 한 달에 한 번 자신이 어디에 얼마나 썼는지를 살펴보기 바란다. 소득은 대개 일정하기 마련이므로 자신의 지출이 어디서 발생했는지, 그것이 일시적인 것인지 장기적인 것인지 살피는 것이 재테크의 출발이다. 매일 꼼꼼히 가계부를 적는 것이 가장 이상적이겠지만, 일과 생활에 쫓기다 보면 시간 내기가 쉽지 않다. 해마다 새해가 되면 '소득과 지출을 제대로 파악해 보겠어!'라며 가계부를 사서 며칠 적다가 그만둔 경험을 해 본 사람들도 제법 있을 것이다. 최근에는 신용카드나 통장 입출금 내역을 한번 연동만 해 두면 종합해서 보여 주는 애플리케이션이 많이 나와 있어 수기 작성이 어려운 경우에는 이같은 금융 애플리케이션을 활용하는 것도 좋은 방법이다.

이와 더불어 효과적인 카드 사용을 원하는 사람이라면, 자신의 소비 행태를 따져 본 뒤 혜택이 풍성한 카드를 찾아 발급받는 것이 가장 바람직하다. 이도 저도 다 귀찮다면 '묻지도 따지지도 말고' 포인트 적립이나 페이백 혜택을 제공하는 카드를 고르면 된다.

기억해야 할 것은 카드사마다 내건 조건이 다르다는 점이다. 예를 들어, 전세(주택)담보대출을 받는 과정에서 연이율 0.1% 수준

효과적인 카드 사용을 위해 자신의 소비 행태를 따져 본 뒤 혜택이 풍성한 카드를 찾아 발급받는 것이 가장 좋지만, 이도 저도 다 귀찮다면 포인트 적립이나 페이백 혜택을 제공하는 카드를 고르면 된다.

의 할인 혜택을 위해 은행에서 권유하는 신용카드를 발급받는 경우라면, 기존에 보유하고 있던 카드 라인업을 점검한 이후에 보완할 수 있는 카드를 선택해 대출이자 할인과 신용카드 혜택이라는 두 마리 토끼를 한번에 잡아야 한다.

카드론과 리볼빙 서비스, 잘 알고 쓰자

카드론은 신용카드 회사나 그 회사와 업무 제휴를 맺은 은행에서 카드 회원을 상대로 대출을 신청한 회원의 신용도와 카드 이용 실적에 따라 돈을 빌려주는 무담보대출 상품이다. 담보를 잡거나, 보증인이 필요하거나, 서류를 별도로 제출해야 하는 은행의 대출과 달리 신용카드 인증만으로 빠르게 돈을 빌릴 수 있다. 이게 가능한 이유는 카드회사에서 애초에 카드를 발급할 때 개인의 신용 심사를 기반으로 대출 한도와 금리를 부여해 두었기 때문이다. 카드론의 대출 금리는 신용도에 따라 다르지만, 대개 연 15% 안팎. 대출자의 신용등급에 따라 달라지는 조달 금리와 인건비, 목표 이익률 등을 감안해 카드론의 대출 금리가 결정되는 구조다. 다만, 카드회사에서는 상대적으로 고이율인 카드론을 통해 이윤을 극대화하고자 하기에, 신규 고객 유치를 위해 개인 신용도가 낮은 이들에게 프로모션을 통해 낮은 금리를 적용하는 경우도 왕왕 있다. 카드사가 제공하는 소액 신용대출 서비스인 현금 서비스^{단기 카드 대출}도 카드론과 비슷한 상품이지만 금액이나 빌리는 기간, 금리 등에서 차이가 있다.

리볼빙은 신용카드 사용 대금 가운데 일부만 갚고, 나머지 결제금액은 다음 결제일에 갚을 수 있도록 한 상품으로, '회전 결제 제도'라고도 한다. 카드사와 회원이 미리 약정한 금액만큼만 결제하면 남은 카드대금은 그 다음달로 자동적으로 미뤄진다. 다만, 카드사는 여기에 이자 명목의 수수료를 덧붙여 금액을 청구한다. 가산 이자는 대개 연 20% 수준. 상환일이 따로 정해져 있지 않다는 점도 특징이다. 리볼빙 서비스는 카드 연체라는 골칫거리를 피할 수 있는 좋은 방법이기는 하지만, 쌓이다 보면 결국 이자가 눈덩이처럼 불어나기에 재테크를 마음먹었다면 리볼빙을 원천적으로 할 수 없는 상황을 설정하고(고객센터로 전화해서 리볼빙을 안 하겠다는 의사를 밝히면 됨) 카드 사용을 줄이는 것이 최선의 방법이다. 가끔 리볼빙을 신청하지 않았더라도 결제 통장에 잔액이 부족할 경우 자동으로 리볼빙으로 넘어가는 경우도 있으니 주의하기 바란다.

신용대출, 잘 알고 쓰자

신용대출은 개인이나 기업의 신용을 담보로 해서 대출받는 것을 가리킨다. 개인의 경우 경제적 처지나 재직하는 직업, 금융회사와의 거래 내용, 가족사항 등을 고려해 신용대출이 가능한 금액의 규모와 금리가 정해진다. 신용대출은 보증과 연관한 서류가 전혀 필요 없는 무보증 신용대출과 신용보증사의 보증서를 필수로 갖춰야 하는 신용대출로 분류된다.

　　은행 관계자들은 신용대출에서 가장 중요한 것은 직업 유무라고 입을 모은다. 그렇기에 취직한 지 얼마 되지 않았거나 직장을 옮긴 지 얼마 안 된 경우에는 신용대출에 제한이 있기도 하다. 흔히 마이너스 통장이라고 하는 신용대출 상품 역시 직장에 따라 대출 가능 여부와 금액이 크게 달라진다. 법인 소속 직장인이 아닌 개인사업자일 경우 금융회사마다 별도의 신용을 판단하는 기준을 세우고 있으며 이를 충족해야 대출을 받을 수 있다.

신용등급이 높을수록 주요 시중 은행(제1금융권)에서 대출을 받기 쉬우며 이자율도 낮게 적용받을 수 있다. 반면, 신용등급이 낮을수록 저축은행이나 캐피털 회사, 대부업체 등에서만 신용대출을 해 준다. 신용대출을 신청할 때 가장 고려해야 할 부분은 금리다. 금리가 낮을수록 갚아야 할 총 금액(상환 총액)이 적어지기 때문이다. 신용등급에 따라 적용하는 대출 금리와 한도가 달라지기 때문에 평소에 신용등급을 잘 관리할 것을 추천한다.

신용등급에 따라 적용하는 대출 금리와 한도가 달라지기 때문에 평소에 신용등급을 잘 관리할 것을 추천한다.

신용등급, 신뢰로 쌓는 자본

자본주의 사회에서 신용은 경제를 움직이는 기초다. 신용등급은 특정 개인의 향후 90일 이상, 1년 내 연체 가능성을 수치화한 지표로 그 사람이 지닌 부채의 규모나 연체정보, 신용형태, 거래기간 순으로 가중치를 둔 정보를 종합해서 1등급부터 10등급까지 구별해 둔 것이다. 가장 높은 신용등급은 1등급으로 10등급하고는 대출금리가 크게 20% 이상 차이 나기도 한다.

신용등급을 높은 수준으로 관리하기 위해서는 금융생활에서 '연체'를 하지 않겠다는 다짐이 중요하다. 돈을 갚을 능력이 어떻게 되는지를 보는 것이 신용등급이기에 자잘한 금액이더라도 연체가 발생하면 개인 신용등급이 훅 떨어진다. 실제로 지인 가운데 대학생 시절 자신의 이름으로 발급한 신용카드 사용금액 15만 원을 한 달 넘게 연체하는 바람에 신용등급이 두 단계 가까이 떨어진 경험을 털어놓은 이도 있었다. 금융권에서는 10만 원 이상의 금액을 90일 이상 갚지 않고 있으면 연체금액을 변제한 후에도 해당 기록이 3~5년 동안 신용평가사에 남는다고 설명한다. 여기서 연체를 피해야 할 대상에는 은행 대출에 대한 이자는 물론이고 신용카드 사용금액, 국세와 지방세, 건강보험, 통신비 등 금융회사가 아닌 곳에 납부해야 하는 것들도 포함된다. 이 때문에 많은 사람은 공과금이나 통신비, 아파트 관리비 등을 내는 통장을 일원화하고 자동이체를 걸어 두는데 여기서도 잔액을 잘 관리해야 연체 없이 신용등급을 관리할 수 있다.

또한 상대적으로 신용등급이 낮은 이들에게 열려 있는 제2금융권에서 신용대출을 받을 경우 신용등급이 하락할 가능성이 있다. 따라서 목돈이 필요할 경우에는 제1금융권에 해당하는 은행을 먼저 방문해 상담하고 어느 정도까지 신용대출이 되는지를 살펴보는 것이 중요하다. 회사에 다니는 사람이라면 자신이 받는 급여의 1.2~1.5배 정도는 마이너스 대출이 가능한 것으로 알려져 있다.

한편, 신용카드 현금서비스나 카드론 등을 최소화하는 것이 신용등급 올리기에 도움이 된다. 금융회사 입장에서 이 서비스를 사용하는 고객일수록 급전이 필요한 사람이라 생각하기 때문이다. 자신이 주로 거래하는 은행 한곳을 정해 두고 꾸준히 쓰는 것도 신용등급 관리에 긍정적인 효과를 준다. 제1금융권의 한곳을 정해서 급여도 이체하고 신용대출도 받으며, 신용카드도 해당 은행 계열사에서 발급받는다면 신용등급 상승에 도움이 될 것이다. 다만, 거래실적이 아무리 많더라도 대출금에 대한 원리금 연체가 있다면 신용등급은 즉각 하락하기 때문에 주의해야 한다.

신용카드 사용 금액이 일정 수준 이상 되는 것은 개인 신용등급 향상에 도움이 된다. 일반적으로 '돈이 있는데 왜 신용카드를 쓰냐'고 생각하는 이들이 많지만, 금융회사에서는 적절한 대출을 일으킨 후 연체 없이 갚는 금융 소비자를 가장 바람직하게 바라본다. 따라서 카드 사용액을 연체 없이 꼬박꼬박 갚아 나간다면 상환 능력을 인정받아 신용등급이 올라갈 수 있다.

신용등급을 건드리지 않으면서 대출을 받고 싶다면 보험사에서 제공하는 약관대출을 활용하기 바란다. 해지환급금을 담보로 빌리는 돈이기 때문에 신용등급 하락과는 관계가 없다. 대신 이 약관대출은 은행 신용대출보다 금리가 높은 편이다. 신용대출의 한도는 통상적으로 본인 연 소득의 70~100% 내외로 결정되며 다른 금융기관에서 받은 대출은 한도에서 제외된다.

재테크 용어

주택담보대출과 대출 규제 3총사(LTV/DTI/DSR)

하늘 높은 줄 모르고 치솟는 주택가격 때문에 이 대출을 통해 내 집 마련에 성공한 이들이 많다. 서울이나 수도권은 시세 9억 원을 넘은 주택이 다른 지역에 비해 상대적으로 많은 편이기에 수중에 확보한 돈이 부족한 이들은 금융권의 주택담보대출, 이른바 주담대를 활용하고 있다. 이 대출상품은 주택을 담보로 삼아 은행이 자금을 빌려주는 구조다. 개인의 신용을 바탕으로 한 신용대출보다 주택이라는 실물자산을 담보로 삼았기 때문에 비교적 대출받기가 쉽고 금리 또한 신용대출보다 낮은 편이다.

하지만 주택을 소유하고 있다고 해서 무조건 대출을 받을 수 있는 것은 아니다. 우선, 나이 제한이 있다. 대출을 신청한 날짜를 기준으로 만 20세 이상, 만 65세 이하여야 한다. 또한 주택 구입을 앞둔 무주택자와 주택 취득 5년 이내인 1주택자만 이 대출을 받을 수 있다. 자신의 주택에 사는 세입자에게 전세금을 반환하거나 기존의 주택담보대출을 상환하려고 하는 1주택자도 주담대를 받을 수 있다.

주담대를 통해 받을 수 있는 대출 총액은 어느 정도일까? 답은 '주택과 사람에 따라 다르다'. 금융권에서는 주택 가치에 해당하는 금액을 모두 빌려주지는 않는다. 담보인정비율^{LTV}과 총부채상환비율^{DTI}, 총부채원리금상환비율^{DSR} 등을 기준으로 삼아 대출 가능 한도가 변한다. 문재인 정부에서는 가계 대출의 급격한 상승을 막기 위해 이 세 가지 대출기준을 상당히 엄격하게 제한했다. 다만, 부동산 시장 흐름이 변화할 경우 이는 정부 대출 규제이기 때문에 언제든 변화할 수 있다는 점을 기억해 두면 좋겠다.

LTV는 담보가치와 대출 한도 사이의 비율을 의미한다. 지역에 따라 다르지만 서울을 포함한 수도권 투기과열지구는 LTV가 40%로 설정돼 있다. 매수하려는 주택을 담보로 대출을 받을 때 거래가격의 40% 이내로만 대출을 받을 수 있다는 의미다. 만약 10억 원짜리 아파트를 구입하고자 한다면 은행서는 이 매수자에게 4억 원까지만 빌려줄 수 있는 것이다.

DTI는 연소득에서 원리금 상환액이 차지하는 비중을 가리킨다. 경제활동을 영위하고 있는 상태에서 대출을 얼마나 상환할 수 있을지, 무리한 대출인지를 따지는 기준이라 할 수 있다. 금융권에서는 주택담보대출을 신청한 이를 심사할 때 신규 주택담보대출의 원리금만을 연소득과 따져 DTI를 계산했지만, 2018년부터는 기존에 받은 주택담보대출의 원리금도 계산에 포함하고 있다. 다주택자의 추가 주택 매수를 제한하는 규제로 작동하고 있는 것이다.

DSR은 DTI에서 대출 원리금은 물론 신용카드 미결제액, 자동차 할부금 등 대출 신청자가 갚아야 할 모든 부채의 원리금까지 계산해 대출을 갚아 나갈 능력이 되는지를 따지는 기준이다. DTI보다 더 엄격한 규제라 할 수 있다.

통상적으로 주택담보대출의 한도는 LTV 기준 70%다. 하지만 매수하려는 주택이 투기과열지구나 조정대상지역에 있다면 이 조건이 달라진다. 또한 주택가격이 15억 원이 넘을 경우 아예 주택담보대출이 불가능하다. 대출을 받으려는 사람의 연소득 등을 따져 서민 실수요자인지, 무주택인지에 따라서도 LTV 기준이 달라진다. 투기과열지구로 지정돼 있는 서울을 기준으로 보면 서민 실수요자 기준을 충족한 대출 신청자는 최대 50%의 LTV를 적용받는다. 단순하게 계산할 경우 8억 원 주택을 살 때 4억 원까지 대출이 된다는 이야기다. 주택을 보유하지 않고 있다가 새롭게 매수한 무주택가구는 LTV가 40%다. 다만, 투기과열지구의 경우에는 '시가 9억 원'이라는 기준이 하나 더 있다. 9억 원이 넘는 주택은 고가주택으로 분류되고 있어 1주택자에 한해 9억 원 이하 금액은 LTV 40%, 초과된 금액에는 LTV 20%가 적용된다. 아울러 투기과열지구 주택은 2주택 이상 세대에는 주택담보대출이 금지돼 있다.

조정대상지역의 주택을 매수하려는 서민 실수요자는 LTV 60%, 무주택가구는 LTV 50%를 적용받는다. 이들 지역 모두 유주택자가 추가로 주택을 구입할 경우에는 주담대를 전혀 받을 수 없다. 다만, 조정대상지역이 아닌 곳이라면 서민 실수요자와 무주택가구는 LTV 70%, 주택을 이미 보유하고 있는 세대는 LTV 60%까지 대출받을 수 있다. 금융권에서는 개인 재무상황과 DTI 등을 함께 따져 대출여부를 심사하고 있기 때문에 매수 전 상담을 받는 것을 추천한다.

2022년 5월 10일 시작한 윤석열 정부는 임기 내 주택담보대출 등 대출규제를 완화하겠다고 약속했다. 대내외적인 요인에 따라 이 공약을 시행하는 시기에 다소 조정이 있을 수는 있겠지만, 큰 틀에서 이전보다 내 집 마련을 위해 자금을 빌릴 때 숨통이 트일 가능성이 있다.

윤석열 정부는 앞으로 구체적인 주택공급 계획을 발표할 예정이다. 이 시기에 맞춰 이전 정부가 만든 대출 규제도 다소 완화될 전망이다. 생애 최초 주택 구입자를 대상으로 LTV를 최대 80%까지 완화하고 DSR 산정 시 미래소득을 반영하는 비율을 높이는 안이 도입될 가능성이 높다.

◎ **주택담보대출 기준**

	LTV	DTI
투기지역·투기과열지구	(9억 원 이하)40%, (9억 원 초과)20%	40%
조정대상지역	(9억 원 이하)50%, (9억 원 초과)30%	50%
비규제지역	70%	60%

* 투기지역·투기과열지구 초고가 아파트(시가 15억 원 초과)를 담보로 한 주택구입용 주택 담보대출 금지

고정금리

대출만기 때까지 시중금리의 변동과는 관계없이 처음 약속한 이자만 부담하면 되는 방식이다. 이자가 고정돼 있어 상환 계획을 세우는 데 유리하며 시중금리가 큰 폭으로 상승했을 때에도 이자 부담이 그대로라 좋다. 하지만 대출시점에서 변동금리보다 최소 1%가량 금리가 높게 책정된다는 단점이 있다. 또한 시중금리가 내려갈 때는 손해다.

변동금리

변동금리는 기준금리나 시중금리와 연동해 이자가 때때로 변하는 방식이다. 고정금리보다는 이자 부담이 적으며 금리 하락기에 특히 이자가 낮아져 좋다. 하지만 금리가 급상승할 경우 고정금리보다 높은 이자를 부담할 수 있다. 일반적으로 대출기간이 3년 이내로 짧다면 변동금리를, 3년 이상일 경우에는 고정금리를 추천한다.

소풍날 비가 내리면 손해를 보상해 준다고? 미래를 위한 예금 '보험'

화마에 모든 것을 빼앗긴 그들이 떠올린 대책

보험, 꼭 가입해야 할까?

최소한의 보험만 가입하고 싶다면…

보험 바다 속 길 찾기: 보험 종류 어떤 것이 있나?

보험계약 시 놓치지 말고 살펴봐야 할 것

보험 체결 이후에 꼭 기억해야 할 사항

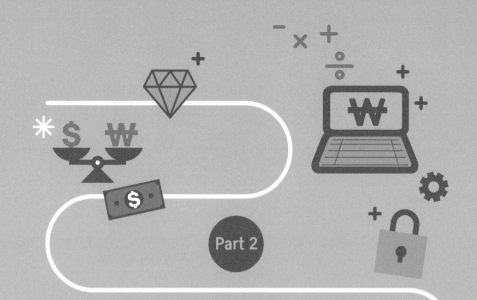

Part 2

#4. 보험,
꼭 가입해야 할까?

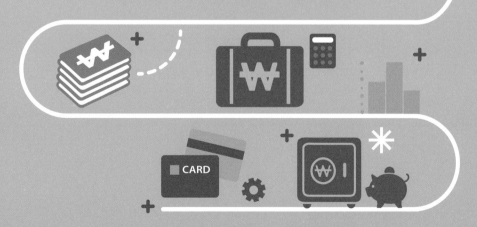

우리에게는 우리의 미래를 꿰뚫어 볼 수 있는 레이더가 없다.
그러나 우리에게는 우리가 바라는 미래를 만들 수 있는 힘이 있다.
: 버나드 M. 바루크

소풍날 비가 내리면 손해를 보상해 준다고? 미래를 위한 예금 '보험'

보험의 역사는 상당히 길다. 역사학자들은 인류가 남겨 둔 여러 사료를 근거로 현재의 보험과 유사한 존재가 기원전부터 있었다는 결론을 내렸다. 학계의 연구에 따르면, 보험의 기원은 고대 국가인 바빌로니아로 거슬러 올라간다. 그곳은 당시 세계 상업의 중심지였고 바빌로니아를 거점으로 삼은 상인들은 무역을 하는 행상들과 거래를 하며 물자를 조달하고 판매해 이득을 남기고 있었다. 하지만 거래처를 믿고 맡길 수가 없으니 상인들은 상대의 가족과 재산을 담보로 잡았다. 그러다 보니 행상들이 무역을 위한 이동과정에서 강도나 해적, 자연재해를 만나면 속수무책으로 심각한 타격을 떠안을 수밖에 없는 상황도 종종 발생했다. 이 때문에 행상인의 권리를 보호할 수 있는 제도로서 초기 보험의 형태라 할 수 있는 모험대차[bottomry]가 등장했다. 이는 금융업자가 무역업자에게 자금을 빌려줄 때 이자 외에 위험부담비용을 부과하는 대신에 예기치 못한 사고로 원금을 상환하지 못할 때는 채무를 면제하는 제도다.

시간이 흐른 그리스, 로마 시대에는 해상무역이 활발해지면서 항해 과정에서 예상치 못한 사고나 사건으로 선박과 화물을 잃었을 경우, 항해에 참여한 이해관계자가 공동으로 손실을 책임지는 형태의 보험제도도 발달하기 시작했다. 굳이 지금 이 시대에서 유사한 보험 상품을 찾는다면 손해보험이나 해상보험이 여기에 해당할 것이다.

화마에 모든 것을 빼앗긴
그들이 떠올린 대책

그렇다면 상인이나 선주처럼 특정 직군에게 필요한 존재에 머물지 않고 대중을 위한 제도로 보험이 발돋움한 시기는 언제일까. 답은 17세기 영국에 있다. 당시 영국 해군 행정관으로 복무하며 자신의 업무와 일상을 소상히 적은 새뮤얼 피프스^{Samuel Pepys}의 기록을 살펴보자.

> "강가로 내려와서 배를 타고 다리를 지나가니 어마어마한 불길이 보였다. 모두 물건을 옮겨 강물에 던져 넣거나 대기하고 있는 나룻배에 싣느라고 정신이 없다. (중략) 어두워지면서 더 많은 불길이 나타났고 시내 언덕 위로 우리 눈길이 닿는 데까

지 휩싸고 있는 불길은 보통의 불과 같은 고운 색이 아닌, 무시
무시한 핏빛이었다."

- 새뮤얼 피프스, '일기'

1666년 9월 2일 새벽 2시경 런던시 푸딩레인에 있던 빵 공장
에서 불길이 치솟았다. 모두가 잠에 빠져 있을 때 시작한 불길은
가뜩이나 가물어 있던 도시의 모든 것을 빠른 속도로 집어삼켰다.
나무로 만들어진 주택이나 상가, 교회 등은 거대한 땔감으로 기능
하며 불의 힘을 더 키웠고 5일 동안 수많은 사람의 일터와 보금자
리를 태워 버렸다. '런던 대화재'로 역사에 남은 이 일은 상상하지
못했던 최악의 경험을 목도한 사람들의 생각도 바꿔 버렸다. '또다
시 화마가 닥쳐오면 어떻게 하나? 소중한 재산이 불에 다 타 버리
면 무엇으로 살아갈 것인가? 하늘이 내린 형벌이라고 여기며 그저
화재를 받아들여야 하는가?' 아마도 당시 런던 시민들은 이 같은
고민을 하며 만에 하나 발생한 화재에 대비할 수 있는 시스템을 만
들었을 것이다. 그것이 바로 역사에 기록되어 있는 화재보험의 시
작이며, 최초의 화재보험사는 1667년 영국의 치과의사 니콜라스
바본Nicholas Barbon이 미래의 대화재를 대비하고 화재 피해자를 구제
한다는 목적에서 문을 연 '화재사무소fire office'다. 이곳은 화재가 발

1666년 런던 대화재

생했을 때 피해금액을 보상해 준다는 제안을 했고, 대화재를 겪은 런던 시민들은 앞다퉈 돈을 맡겼다고 한다. 역사가들은 이전까지 보험은 무역을 하는 상인이나 선주들에게나 필요한 특수한 제도라는 인식이 있었다면, 런던 대화재를 계기로 상인이 아닌 일반인들도 자연재해나 재난 등을 신의 계시로 받아들이는 것이 아니라 이에 대비하고 그에 대한 보상을 강구하는 사회적 분위기가 만들어졌다고 분석하기도 한다.

근현대사에서 살펴봤을 때 가장 먼저 등장한 보험이 화재보험이라면, 가장 늦게 나타난 보험은 어떤 것일까. 그것은 바로 생명보험이다. 생명보험은 사람의 생명이나 건강에 우발적으로 발생하는 위험에 대비하는 데 그 목적이 있다. 생명보험은 별 탈 없이 살아가던 사람에게 어떤 일이 벌어져 더는 생산 활동에 종사할 수 없을 정도로 큰 장애를 입거나, 아예 생명을 잃었을 경우에 대비하는 금융상품이다. 때문에 누군가의 사망으로 상실한 소득을 유족에 보상하는 구조가 기본인데, 인간의 사망률을 예측하고 적정한 보험료를 매길 통계나 보험계리가 발전하지 못해 생명보험이 보험 가운데서 가장 늦게 등장했다. 최초의 생명보험사는 1706년에 설립된 아미카블 소사이어티Amicable Society for a Perpetual Life Assurance로 기록돼 있다.

보험, 꼭 가입해야 할까?

"네 아버지 식구들은 고혈압이나 심혈관계 질병으로 아프거나 돌아가셔서, 암으로 돌아가실 줄은 상상도 못했다. 우리나라 성인 사망 원인 1위가 암이라던데, 우리가 너무 암을 쉽게 봤던 거지. 보장하는 질병이 어떻게 그렇게 안 맞아떨어지는지, 나중에 돌아보니 정말 급할 때 쓸 보험은 없더라."

필자의 부친은 몇 년 전 암으로 세상을 떠났다. 모친은 상대적으로 젊은 나이에 가족을 남기고 먼저 떠난 배우자를 두고 보험을 제대로 들어 두지 못한 것을 자책했다. 우리가 미래를 완벽하게 예측하지 못하는 이상, 어떤 보험을 가입했더라도 이와 비슷한 후회는 누구든 언제든 경험할 수 있다. '100세 시대'가 가까운 미래 현실이 될 것이라는 전망도 있지만 평균 수명보다 먼저 세상을 떠나는 사람도, 노년에 여러 질병을 앓는 사람도 여전히 많다. 인생이란 언제나 우리가 예상한 대로 흘러가지 않기에 뒤돌아보면 땅을 치고 후회할 일들이 이렇게 발생하고는 한다. 이 경험은 지극히 개인적이고 제한된 것이지만, 보험에 대한 뭇사람들의 생각을 돌아볼 수 있는 사례라고 생각한다. 미래에 발생할지 모르는 일에 대비하기 위한 목적으로 시작한 보험, 미래를 족집게처럼 읽지 못하는 평범한 우리가 가장 효과적으로 보험을 활용할 수 있는 방법은 무엇일지 고민해 보면 좋을 것 같다.

만약 필자가 부친의 암 진단 전으로 돌아가 과거를 바꿀 수 있다면 무엇을 하는 것이 좋을까? 우선, 암 관련 보장이 빵빵한 보험을 들 것이다. 암 진단을 받았을 때 나오는 진단비는 물론 여러 차례 진행되는 수술을 반복적으로 보장해 줄 수 있는 보험을 찾아야 한다. 이미 전신에 퍼진 상태에서 암을 발견할 확률도 낮지는 않겠지만, 통상 암 치료는 여러 번의 수술과 항암치료가 이어지기 때문이다. 또한 암 환자는 암세포의 전이라는 상황과 맞닥뜨릴 가능성이 높기 때문에 그것에 대한 대비와 장기 입원 시 간병 비용을 지원받는 보험도 가입을 고려할 것 같다. 만약 그랬다면 중증질환자로 분류돼 의료비 부담이 확 줄어들기 전까지, 부친은 돈 걱정을 좀 덜 수 있었으리라. 가족이 나을 수 있는 유일한 희망이 비급여로 처방되는 항암제라는 의사의 말을 들었을 때 비싼 치료는 절대 받지 않겠다고 선언할 이가 몇이나 있을까. 그렇기에 엄청난 자산가가 아니라면, 사망률이 높은 질환의 진단 초기부터 의료비 부담에 휘둘리지 않기 위해 영리한 보험 가입은 필요하다고 생각한다(현재 의료보험은 암과 심장질환, 뇌혈관질환, 희귀난치성질환 등 4대 중증질환을 앓고 있는 환자 가운데 중증 판정을 받은 이에 한해 의료비를 전체의 5~10%만 부담할 수 있도록 하고 있다).

　보험은 기본적으로 통계를 바탕으로 만들어진다. 몇 년도에 태어난 남성은 확률적으로 몇 세까지 건강하게 사는지, 몇 세 이후부터 5대 성인 질병에 걸려 병원을 다닐 가능성이 높아지는지, 그보다 몇 년 후에 이 세상 사람이 아닐지 등이다. 물론 수명이 긴 사람이라면 통계청의 최고령 인구로 이름을 올리겠지만 대부분의 사람은 보험사의 예측에서 벗어나지 않는다. 따라서 위험에 대비할 수 있는 능력, 그 가운데서도 재정적 능력이 충분히 갖춰져 있지 않은 경우라면 보험 가입이 필수인 것이다. '내가 아프지 않으면 그 돈 다 쓸모없는 거 아냐? 그럼 차라리 통장에 매달 얼마씩 넣어둘래. 그게 이득 아닌가?'라고 생각하는 사람도 분명 있을 것이다. 필자 역시 부친의 투병을 겪기 전에는 솔깃했던 말이다. 그러나 보험도 생계가 팍팍해지면 해지하는 비율이 급속히 높아지는데, 꺼내 쓰는 데 아무 제한이 없는 통장에 넣어 둔 돈이라면 수중에 남아 있기 어렵다는 점을 잊지 않았으면 좋겠다. 예전에는 가족이 아파 대학 병원 치료를 받다 보면 집을 팔게 된다고들 했다. 이제는 국민건강보험에서 보장하는 영역이 넓어지면서 '옛 일'처럼 들리는 말이긴 하지만, 그럼에도 다이내믹한 우리네 삶에 최소한의 안전 울타리를 쳐 둘 필요는 있을 것이다.

사실 나이가 젊을수록 보험 가입에 대해 깊게 생각하지 않는다. '당장 쓸 돈도 없고 아프지도 않은데 웬 보험?'이라는 생각이 강하게 들지 모른다. 그러나 몸 상태가 안 좋아졌다는 것을 느꼈을 때는 대부분 보험 가입이 어려워진다. 후에 보험에 가입된다 한들 과거에 경험한 질병 이력, 이른바 기왕증이 있어 보험사에서 약속한 보상을 오롯이 받기도 어렵다. 특히 다치거나 아팠을 때 자기부담금의 의료비를 제외한 일부 금액을 보상해 주는 실손의료보험의 경우, 보험회사 손해율이 높은 편이라 가입 조건이 갈수록 까다로워지고 있다. 실손의료보험은 최초 상품 출시 당시에 보험 가입자의 자기 부담금 없이 100% 보장했는데 이 구조 탓에 의료 서비스를 과다하게 이용하는 부작용이 발생했다. 이를 개선하기 위해 보험업계와 정부는 약관을 개선한 2세대와 3세대 실손의료보험을 내놓았으며 2021년 7월에는 4세대 실손의료보험이 출시됐다. 4세대 실손의료보험은 불임질환이나 선천성 뇌질환에 대한 보장은 확대하는 대신, 보험금 손해율을 높여왔던 도수치료나 영양주사 등 일부 비급여 항목에 대한 보장을 축소한 것이 특징이다. 앞으로도 실손의료보험은 비급여 항목 보장 범위가 축소되고 동시에 자기부담금 비율이 높아질 수 있는 만큼, 보험금을 낼 여유가 있다면 우선적으로 가입을 고려할 필요가 있다.

최소한의 보험만 가입하고 싶다면…

"불경기가 오면 보험부터 끊는다." 필자가 만난 보험설계사들은 대개 이렇게 말했다. 불경기일 때 영업이 유독 힘들다고도 했다. 또 대부분의 고객은 여윳돈이 있을 때 보험 가입을 하고, 돈줄이 말라 힘들어지면 가입한 보험을 깨 급전으로 사용한다고 했다. 하지만 이 같은 '경기 타는' 보험 활용은 되도록 피하라고 당부하고 싶다. 차라리 급여가 적어 여유롭게 쓸 수 있는 돈이 없는 경우라면, 보장성 보험 필수적인 것 몇 개만 가입하는 것을 권한다. 보장성 보험은 보험기간에 피보험자에게 사망이나 상해, 입원과 같은 사고가 발생했을 때 정해진 보험금을 계약상 수익자에게 주는 상품이다. 갱신형과 비갱신형이 있으며 보험기간이 끝나는 시점에 만기

환급금이 있는지 여부에 따라 만기환급형과 순수보장형(무해지 환급형)으로 나눌 수 있다.

흔히 우리가 접하는 암 보험, 실손의료보험^{실손보험}, 치아 보험, 운전자 보험 등이 보장성 보험에 속한다. 위험에 대비한다는 보험 본래 목적에 충실하기에 예금이나 적금처럼 돈이 쌓이는 효과는 기대할 수 없다. 또한 순수보장형 상품일수록 매달 내는 보험료가 낮은 경우가 많다. 따라서 여유가 없는 가계를 꾸려 나가는 경우라면 순수보장형 상품 몇 개로 구성하는 것이 좋다. 특히 암 보험, 실손의료보험 정도는 예기치 못한 질병으로 고액의 치료비가 발생할 때를 대비해 가입해 두는 것이 좋다. 특히나 최근에는 병의원에서 실손보험 가입을 전제하고 각종 검사나 치료를 권장하는 경우가 많다는 점도 실손보험을 추천하는 이유다.

반면, 저축성 보험은 예적금과 비슷한 성격을 지녔다. 오랜 기간 정해진 금액을 납입해 목돈을 마련하거나 노후 생활을 대비하기 위한 보험인데, 이자가 차곡차곡 쌓여 만기에 환급받을 수 있는 금액이 자신이 낸 보험료보다 많다. 다만, 이 저축성 보험은 보험사가 떼어 가는 수수료 등 공제금액이 많아 가입 초기(10년 이내)에 해지하면 손실이 크다. 통상 납입한 보험료 가운데 보험 모집에 활용되는 비용과 사망 보장을 위한 위험 보험료 등 각종 수수료가

공제되고 남은 금액만 적립되는 구조다. 이 비율은 월 납입 보험료의 85~95% 수준. 때문에 우스개소리처럼 회사원 사이에서는 '변액', '유니버설' 등의 이름이 붙은 보험은 쳐다도 보지 말라는 이야기가 돌기도 했다. 사회초년생들이 보험 특성에 대해 잘 모르고 얼결에 가입했다가 목돈이 필요한 상황이 발생해 피눈물 흘리고 돈을 뺐던 경험들이 입을 타고 전해진 듯하다.

최근에는 저축성 보험의 단점을 보완한 상품도 나왔다. 일부 보험사는 온라인 전용으로 일반 저축성 보험보다 매달 넣는 금액은 상대적으로 적으면서 해지 공제도 없는 조건의 상품을 판매하고 있다. 저축성 보험을 꼭 들고 싶다면, 이런 상품을 골라 가입하기를 권한다. 아울러 보험을 비교해 둔 '보험다모아(https://www.e-insmarket.or.kr)'나 '생명보험협회 공시실(https://pub.insure.or.kr)' 등을 활용해 가격과 보장 내용을 따져 보고 가입할 상품을 고르기 바란다.

보험 바닷속 길 찾기:
보험 종류 어떤 것이 있나?

보험의 종류는 대단히 많다. 손에 쥐고 있는 여유 자금이 많다면 좋다는 보험을 여러 개 들어도 되겠지만, 대부분의 사람은 소득이 한정되어 있기에 필요한 상품을 중심으로 순위를 정해 가며 가입하는 방법을 추천한다.

보험을 처음 가입하는 시기는 대개 사회 초년생 때다. 물론 부모가 자녀를 위해 상해보험을 들어 주는 경우도 최근에는 많이 늘어나고 있지만, 직접 보험약관을 살핀 후 자발적으로 가입하는 첫 나이는 20대 초중반부터 30대 초반까지라 할 수 있다.

젊을 때는 예기치 못한 사고에 대한 보장이 가능한 보험을 가입하는 것이 좋다. 추천할 만한 상품군은 실손의료보험이다. 현재

당신의 든든한
[보험 플래너]

나만의 맞춤 보험

보험의 종류는 대단히 많다. 대부분의 사람은 소득이 한정되어 있기에 필요한 상품을 중심으로 순위를 정해 가며 가입하는 방법을 추천한다.

나와 있는 실손의료보험은 연 5,000만 원 한도 내에서 실제로 발생한 의료비를 보장하고 있다. 최근 관련법 개정을 통해 실손의료보험은 단독형으로만 판매되고 있으며, 만성질환을 보유하고 있던 유병력자도 가입할 수 있게 됐다.

연말정산 때 공제받기를 원한다면 연금저축보험에 가입해 연간 불입액에 따른 세액공제 혜택을 챙기는 것도 좋은 방법이다. 다만, 이 경우 불입한 금액이 앞서 추천한 실손의료보험보다 훨씬 크고, 가입 초기에 해지하게 되면 손실이 발생하기 때문에 실손의료보험을 가입하고도 여유가 남을 때 고르는 것을 권한다. 보험사마다 연금저축보험의 제공 금리가 다르기 때문에 상품 가입 전에 확인하는 것은 필수다.

30대로 접어들어 결혼을 하거나 아이를 갖게 되면 새로운 보험에 가입할 필요성이 대두된다. 특히나 가족의 생계를 책임지고 있는 가장이라면 갑작스럽게 닥친 사고나 질병에 대한 두려움이 있기 마련이다. 여기에 대한 대비로는 '종신보험'과 '사망보험'이 있다. 그러나 종신으로 보장기간이 길어지게 되면 보험료 부담이 크다. 상품에 따라 세부적인 조건은 다르겠지만 종신보험의 경우 기한 없이 사망에 대한 보장을 해 준다는 장점이 있는 대신, 월 납입액이 20만 원(30대 중반 가입자 기준)가량으로 상당히 높다. 하지만 이를 보장받는 만기가 정해진 정기보험으로 바꾸면 5분의 1 수준까지 보험료를 낮출 수 있다. 정기보험은 남겨진 가족을 위한 상품이니만큼, 아이가 어릴 때 가입해 혹시 모를 상황에 대비하는 것이 좋겠다.

불혹을 넘긴 이라면 건강에 대한 고민에 맞춘 보험 가입이 필요하다. 건강이 나빠지는 것에 대비한 건강보험이나 특정한 목적의 목돈을 마련하기 위한 변액적립 보험 등을 추천한다. 우선적으로 중요한 것은 건강 악화에 대비한 보험을 가입하는 일이다. 특히 우리나라 국민들의 3대 질병으로 꼽히는 암과 뇌질환, 심혈관질환과 같은 중대 질환에 걸렸을 때 고액으로 보장받을 수 있는 보험에 가입되어 있는지 따져 보고 부족한 부분을 채워 넣는 것이 좋다. 대신 조건이 있다. 이왕이면 동일한 보험료 수준에서 넓은 보장 범위를 약속하는 보험에 가입하는 것이다. 예를 들어, 매달 3만 원 납입을 조건으로 각각 뇌출혈과 뇌졸중, 뇌혈관 질환에 대한 보장을 약속한 보험이 있다고 가정해 보자. 그렇다면 골라야 할 보험은 뇌혈관 질환을 보장사항으로 언급한 상품이다. 보장 범위는 뇌출혈이 제일 작고, 그다음이 뇌졸중, 뇌혈관 질환 순으로 커지기 때문이다. 뇌졸중은 혈관이 막혀 발생하는 뇌경색과 뇌혈관 자체가 터져 발생하는 뇌출혈로 나뉜다. 뇌출혈만 보장범위로 설정하면 혈관이 터질 때만 받게 되니, 가입자 입장에서는 손해다.

심장질환에 대해서도 급성심근경색만 보장하는 보험보단 허혈성 심장질환까지 커버해 주는 보험을 드는 것이 좋다. 고혈압이나 당뇨, 고지혈증을 앓고 있는 경우에는 혈관질환도 함께 올 가능성이 높기 때문에 심장질환에 노출될 확률이 높지만 급성심근경색은 초기 대응이 늦어지면 사망에 이르기 쉬운 고위험 질병이기에, 가입자의 생존과 치료를 고려한 보험 가입이라면 보장 범위가 넓은 허혈성 심장질환에 대응할 수 있는 상품을 골라야 한다. 보험업계에서는 진단금만 보장하는 보험보다는 반복해서 받아야 하는 수술비도 보장에 넣은 상품을 추천하기도 한다. 진단금은 최초 진단 1회에 한해 지급하는 것이라는 점을 잊지 말자.

보험계약 시 놓치지 말고
살펴봐야 할 것

보험에 가입할 때 보면 '계약 전 고지 의무'라는 용어가 등장하는데, 이것은 보험계약자 또는 피보험자가 보험계약을 체결함에 있어 고의 또는 중대한 과실로 보험에 관한 중요한 사항을 알리지 않거나 부실하게 알리면 안 된다는 의무를 가리킨다. 여기서 '중요한 사항'이란 피보험자의 건강과 관련해 보험회사가 계약을 맺을 당시에 인지하고 있었을 경우 계약의 청약을 거절했다거나 보험 가입 금액의 한도를 제한했다거나 보험료 할증 등과 같이 별도의 조건을 붙여 계약에 영향을 미쳤을 내용을 의미한다.

보험회사는 보험계약자나 피보험자가 고의든 실수든 보험 관련 중요한 사항을 고지하지 않았거나 부실하게 고지한 경우, 그 사

보험계약자 또는 피보험자가 보험계약을 체결함에 있어 고의 또는 중대한 과실로 보험에 관한 중요한 사항을 알리지 않거나 부실하게 알리면 안 된다는 의무를 '계약 전 고지 의무'라고 한다.

실을 안 날부터 1개월 이내에 계약을 체결한 날부터 3년 내에 계약을 해지할 수 있다. 다만, 3년이 지난 경우라면 중요한 사항에 대한 고지를 제대로 하지 않았다는 이유로 계약을 해지할 수 없으며, 약속한 보험금을 지급해야 한다.

생명보험 분야에서 흔히 있는 다툼은 '타인의 서면 동의'라는 부분에서 발생한다. 「상법」은 본인이 아닌 다른 사람의 사망을 조건으로 하는 보험계약을 맺을 시에는 피보험자인 다른 사람이 서면을 통해 동의를 해야 한다는 점을 명시하고 있는데, 이 조건을 충족하지 않았다는 이유로 무효가 되는 보험계약도 종종 나오는 실정이다.

반면, 생명보험이 아닌 상해보험이나 질병과 관련한 보장보험일 경우에는 이야기가 좀 다르다. 만약 부인이 남편을 피보험자로 하는 상해보험을 가입했다가, 납입한 지 1년 정도 뒤에 남편이 이 사실을 알고 계약 해지를 요청하는 경우를 가정해 보자. 이때는 가입한 상품이 타인의 사망사고를 보상 요건으로 하는 생명보험이 아니기에 보험계약 자체가 무효가 되는 상황은 아니다. 피보험자인 남편은 보험수익자로서 의무를 수행할 필요 없이 권리만 제공받을 수 있기에 '손해 볼 일'이 없는 상황이다. 따라서 보험계약 체결 사실을 몰랐다는 이유를 들며 피보험자가 보험계약을 취소할 수 없으며, 보험회사는 보험료 반환 요구를 거절할 수 있다.

이와 관련해 대법원 판례(2006다69141)에서는 보험계약자인 A 씨가 피보험자인 B 씨와 한 자리에 앉아 생명보험 계약을 체결하면서, B 씨에게 부탁을 받아 보험청약서에 B 씨의 서명을 대행한 경우도 유효한 계약이라고 판단하고 있다. 또한 보험설계사는 보험계약자에게 피보험자의 서면 동의와 같은 요건을 구체적이고 상세하게 설명해, 그 요건을 충분히 준비하고 대응할 수 있도록 해야 할 의무가 있다고 판단한 판례(대법 2007다76696)도 있다.

보험 체결 이후에 꼭 기억해야 할 사항

보험은 미래에 발생할지 모르는 일에 대한 보장이기에 나에게 맞는 보험상품을 골랐다고 해서 그걸로 끝이 아니다. 계약을 완료한 후 보험금을 주기적으로 납입하면서 꼭 지켜야 할 사항들이 있다. 우선, 보험은 앞서 이야기했듯 저렴하면서도 보장 폭이 넓고 보장 기간이 긴 것을 위주로 골라야 한다. 당연히 보험료 납입 주기가 갱신되는 상품보다는 비갱신 상품이 좋으며, 유전적인 질병력을 고려해 보장 범위를 선택하는 것이 바람직하다.

현직 보험설계사는 필자에게 보험계약 이후에 보험증권을 꼭 설계사에게 받아야 하며, 보험증권보다 더 중요한 것은 가입설계 서라고 귀뜸했다. 보험을 가입할 당시에 설계사를 통해 들은 설명

내용은 만에 하나 발생할 수 있는 보험사와의 법적 분쟁 시 활용할 수 있는 자료가 된다. 청약서 부본, 상품설명서, 약관은 물론 상품 안내장, 가입설계서 등 보험계약 체결 시 사용된 안내 자료를 챙겨 두는 것이 좋다. 또한 보험증권 등에서는 보험료, 납입기간, 보험기간, 주요보장내용, 면책사항 등 핵심적 사안을 확인할 필요가 있다.

또한 보험에 잘못 가입했을 경우 계약자는 일정한 조건 아래 해당 계약을 철회 또는 취소할 수 있다. 단순 변심에 의한 경우라도 보험계약자는 보험증권 수령일로부터 15일, 청약일로부터 30일 내에 청약을 철회할 수 있다. 보험회사가 약관 및 청약서 부본을 주지 않거나 약관 주요 내용을 설명하지 않았을 때, 계약자가 청약서에 자필서명을 하지 않았을 때는 청약일로부터 3개월 이내 계약 취소가 가능하다.

알쏭달쏭 보험용어

기왕증

사전적 의미로는 '지금까지 걸렸던 질병이나 외상 등 진찰을 받는 현재에 이르기까지의 병력'을 말한다. 넓게는 환자 본인이 아닌 가족이 경험한 질병을 뜻하는 가족력도 포함한다. 보험은 보험당사자, 즉 피보험자가 현재의 신체 상태를 기준으로 보험료를 산출하고 보장을 약속하는데 보험사가 미처 몰랐던 질병으로 보험사고가 발생할 경우에는 계약의 조건이 달라지기 때문에 보험계약 자체가 무효가 될 가능성이 있다.

자동차 보험과 운전자 보험

자동차 보험은 차량 소유자가 의무적으로 가입해야 하는 보험이다. 주된 보장 범위는 차량을 사용하던 중에 사고가 발생할 경우, 사람(대인)이나 타인의 차량, 시설물(대물) 등에 대한 피해를 보상해 주는 것이다. 자동차 보험에 가입할 때 자기차량손해(자차) 담보까지 추가한다면 사고로 발생한 소유 차량 파손에 대해서도 보장해 준다. 보장기간은 1년으로 해마다 갱신된다.

최근 가입자가 증가하고 있는 운전자 보험은 자동차 보험과 달리 의무 가입이 아닌 선택할 수 있는 보험이다. 자동차 보험에서 보장하지 않는 사고 처리 지원금(형사 합의금)이나 벌금, 변호사 선임 비용 등 가입자의 과실로 발생한 교통사고에 대한 제반 비용을 보장하는 보험이다.

자동차 보험의 경우 보장하는 내용이 크게 다르지 않지만 보험료 차이는 회사나 가입 방법에 따라 천차만별인 경우가 있기 때문에 저렴한 보험료를 책정하는 보험사에서 가입하는 것이 이득이다.

주식의 짧은 역사: 퍼블리카니, 동인도회사 그리고 월스트리트

당신은 서학개미? 동학개미?

우리는 주식 투자를 어떻게 바라보고 있는가?

주식 투자를 하기 전에, 이것만은 명심하자

주식 거래는 어떻게 하는 거지?

실패인 듯 실패 아닌 투자

펀드가 뭐야?

나의 투자 성향은 어느 쪽일까?

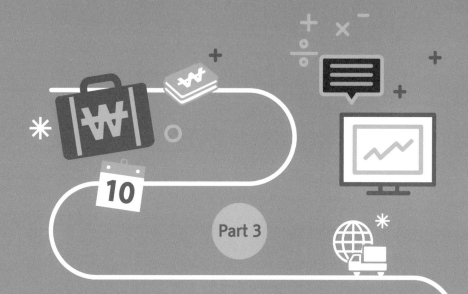

Part 3

#1. 주식과 펀드, 내 성향을 알고 도전하자

강세장은 비관 속에서 태어나 회의 속에서 자라며,
낙관 속에서 성숙해 행복 속에서 죽는다.
최고로 비관적일 때가 가장 좋은 매수 시점이고,
최고로 낙관적일 때가 가장 좋은 매도 시점이다.

: 존 템플턴

주식의 짧은 역사:
퍼블리카니, 동인도회사
그리고 월스트리트

주식의 기원을 찾아 역사를 살피다 보면 기원전 2세기경 로마제국까지 거슬러 올라간다. 당시 로마제국은 거대한 제국을 통치하기 위해 세금을 걷거나 신전을 건립하는 일 등, 국가가 해야 하는 임무 가운데 상당 부분을 퍼블리카니라는 조직에 일임했다. 그런데 이 퍼블리카니는 소유권이 다수에게 분산되어 있는 법인이었다. 마치 지금의 주식회사처럼 집행임원들이 조직의 업무를 수행하고 재무제표도 공시했으며 주주총회도 정기적으로 열었다. 현재까지 남아 있는 기록 중에는 퍼블리카니의 주가가 지금의 주식시장과 비슷하게 오르내렸다는 내용도 있다.

여기서 출발한 주식과 주식회사의 역사는 근대로 넘어오면서

보다 지금의 모습에 가깝게 변화한다. 1602년 8월, 네덜란드에서 무역을 위해 동인도회사가 설립되면서 주식이라는 존재가 본격적으로 역사에 기록되기 시작했다. 네덜란드의 동인도회사는 아시아를 비롯한 여러 지역에서 구해 온 비단과 차, 향신료 등을 다른 나라와 거래하기 위해 설립된 회사다. 근대적 의미로 세계 최초의 주식회사로 불리는 이곳은 여러 명이 배의 주인이 돼 투자 리스크를 줄이는 방법을 도입했다. 이는 항해 과정에서 예상치 못한 풍랑이나 사고로 배가 침몰하거나 해적에게 모든 물건을 빼앗겨 투자자들이 돈을 잃는 상황에 대비하기 위한 것이었다. 동인도회사는 투

런던에 있던 동인도회사의 본사

자를 받거나 이익을 분배할 때 표시할 방법을 찾던 가운데 자금에 대한 소유권을 나타내는 증서를 만들게 됐고, 그 증서에 동인도회사 주식이라고 명기했다. 현재 남아 있는 기록에 따르면, 동인도회사는 주식을 유가증권 형태로 발행한 것이 아니라 장부에 기록하는 방식을 채택했다. 주주 명부에 이름과 지분(투자금액)을 적었고 이후 주주가 변경되면 다시 회계를 담당하는 사람이 기존에 적힌 주주명을 고치는 방법을 활용했다는 것이다. 또한 동인도회사는 설립을 앞두고 네덜란드의 주요 도시인 암스테르담과 미델뷔르흐, 엥크하위전, 로테르담 등 6곳에 사무소를 열고 투자자들의 주식 청약을 받기도 했다.

21세기 현재 글로벌 주식시장의 중심은 미국 뉴욕의 월스트리트다. '월가Wall街'로도 불리는 이곳은 세계 주요 기업의 주식을 거래할 수 있는 세계에서 제일 큰 증권거래소가 있는 곳이자, 유명 투자은행과 금융기관의 본사가 있는 곳이기도 하다. 이곳의 이름에 벽이란 뜻의 '월'이 포함돼 있는 것은 네덜란드가 이 지역을 통치하던 식민지 시대, 영국인이나 아메리카 원주민들이 들어오지 못하도록 긴 성벽을 세웠기 때문이다.

월스트리트는 뉴욕 맨해튼의 금융지구라는 특정한 공간을 뜻하기도 하지만, 신문기사나 영화에서는 전 세계 자본시장을 주무르는 막강한 영향력의 미국 금융세력을 가리키는 의미로 쓰이기도 한다. 월스트리트의 과거로 거슬러 올라가면, 18세기 후반 뉴욕 증권거래소의 시초로 알려진 '버튼우드 협약'이 있다. 1792년 미국 맨해튼에서 증권 브로커로 활약하던 이들이 월스트리트 이스트 68번지의 한 나무 아래 모였다. 이들은 고객을 확보하기 위해 출혈 경쟁을 하지 않고 중개 수수료도 일정 수준 받기로 약속했다. 또한 공동사무실에서만 주식을 매매할 것을 약속하며 '담합'을 시작했다. 거래 질서가 지극히 문란한 상황에서 증권 브로커들이 자구 차원으로 시작한 이 협약이 미국 뉴욕증권거소의 시작이다.

> "주식 투자는 17세기 암스테르담의 국민 스포츠였다. 투기꾼들은 입만 열면 오직 주식 얘기였다. 어딜 뛰어가면 주식 때문이었고 가만히 서 있어도 그 역시 주식 때문이었으며, 어딘가 쳐다보고 있으면 주식을 보고 있는 것이었다. 깊이 생각에 잠겨 있으면 주식 생각을 하는 것이었고, 뭔가 먹고 있다면 그것도 주식 투자에서 나온 것이었다. 공부를 하면 주식에 대한 공부였고, 항상 주식에 대한 환상을 꿈꿨다. 병들어 죽는 자리에서도 주식 걱정만 했다."
>
> ─1688년 발간된 『혼란 속의 혼란』(요세프 펜소 데 라 베가)

당신은 서학개미? 동학개미?

주식과 크게 친하지 않은 독자라도 최근 언론에서 자주 언급하는 '서학개미'라는 단어는 들어 본 적이 있을 것이다. 서학개미는 해외 주식에 투자하는 개인 투자자를 가리키는데, 특히 이 해외 주식 중에서도 미국 뉴욕증권거래소나 미국 나스닥에 상장된 기업에 주로 투자하는 이들을 의미한다. 지난 1971년 출발한 미국 나스닥은 마이크로소프트나 인텔, 구글 등 정보기술^{IT} 분야 벤처기업으로 시작한 기업들이 주를 이루고 있다. 미국 뉴욕증권거래소에 이어 시가총액 기준 세계 2위 증권거래소다.

서학개미라는 개념을 설명하기 위해서는 삼성전자나 현대자동차 등 국내 주요 기업에 투자한 동학개미를 빼놓을 수 없다.

2020년 3월경 코로나바이러스감염증-19(코로나19)가 중국과 한국 등 아시아 지역을 넘어 전 세계로 확산되자 전 세계 주식시장은 어느 곳에서나 새파란 불이 들어왔다. '퍼렇게 질린 주식시장'이라는 표현이 신문 제목에 걸릴 정도로 한국뿐 아니라 미국, 중국, 유럽 등 세계 주요 증시는 미지의 바이러스가 주는 공포에 크게 흔들렸다. 특히 금융시장으로 친다면 여전히 변방에 속하는 한국 기업의 주식은 끝을 모르고 떨어졌다. 외국인 투자자들의 '팔자' 주문이 기록적이었다는 것은 당시 기록으로도 증명된다. 2020년 1월 22일 2,267.25를 기록했던 코스피지수는 코로나19 여파가 커지자 하락을 거듭해 같은 해 3월 19일 1,457.64까지 떨어졌다. 이 시기 외국인은 2월 한 달에만 3조 3,083억 원어치 주식을 순매도했고, 3월에는 12조 5,174억 원을 팔며 대규모 매도세를 이어 갔다. 반면, 개인은 2월에 4조 8,973억 원, 3월에는 11조 1,869억 원을 순매수하면서 외국인들이 팔고 떠난 주식시장을 채우는 역할을 했다.

이때 개인 투자자들은 '주가는 언젠가 원상복귀가 될 것이다'라는 판단 아래 과감하게 목돈을 넣어 주가가 더 떨어지지 않도록 막아 내는 방파제 역할을 했고, 결과적으로 그들의 판단은 옳았다. 주식 투자자들이 모인 커뮤니티에서는 극도의 공포가 좌우하는 급락장에서 개인 투자자들이 국내 기업이나 금융시장에 대한 신뢰를

개인 투자자들이 국내 기업이나 금융시장에 대한 신뢰를 바탕으로 외국인 투자자들의 매도 물량을 받아 낸 상황을 두고, 마치 외세의 압력을 민초들의 힘으로 막아 낸 '동학농민운동'과 흡사하다고 해서 '동학개미운동'이라는 신조어가 만들어졌다.

바탕으로 외국인 투자자들의 매도 물량을 받아 낸 상황을 두고, 마치 외세의 압력을 민초들의 힘으로 막아 낸 '동학농민운동'과 흡사하다고 해서 '동학개미운동'이라는 신조어가 만들어졌다. 이를 다시 국내 언론에서 크게 보도하면서 동학개미라는 용어가 널리 퍼졌다.

서학개미는 급락하는 주식시장을 오히려 기회로 판단했다는 점에서 동학개미와 유사하지만 매수하는 주식이 미국 주요 증시에 상장된 것을 중심으로 한다는 점이 다르다. 특히 서학개미들은 미국의 대형 기술주인 마이크로소프트나 애플, 구글, 아마존, 테슬라에 주로 투자했다.

우리는 주식 투자를
어떻게 바라보고 있는가?

2019년 4월 10일 서울 여의도 국회에서 열린 이미선 헌법재판관 후보의 인사청문회에서는 주식이 키워드로 부상했다. 청문회에서 이 후보의 자격을 검증해야 할 의무를 지닌 여야 의원들은 일치단결한 듯 사전에 자료로 제출한 주식 보유 현황에 초점을 맞춰 청문회를 이끌어 갔다.

주광덕(자유한국당 의원): (이 후보의) 총 자산이 42억 6,000만 원인데, 이 중에서 주식 비율이 83%에 해당됩니다. 그런데 (이 후보는) 우량주가 아닌 일반 투자자들이 잘 알 수 없고, 국민들한테 조금 낯선 특히 코스닥에 상장된 그런 회사, 위험성이 많은 회사에 이렇게 집중적으로 투자하고 있습니다.

금태섭(더불어민주당 의원): 제가 구식이라서 그런진 모르겠지만 저도 검사 생활을 했는데 검사 될 때 공무원은 주식을 해선 안 된다고 배웠습니다. 사실 판사나 검사나 대단한 권한을 가지고 있지 않지만 판검사면 일반인들이 접하기 힘든 정보를 알 수도 있다는 생각을 많이 합니다. 때문에 판검사가 주식하면 안 된다, 그러면 국민들의 신뢰를 잃는다고 배웠는데……

청문회 참석한 여러 의원(불특정): 왜 이렇게 주식이 (자산 중에) 많아.

재테크를 다루는 이 책에서 굳이 정치적 영역이라 할 수 있는 고위공직자에 대한 인사청문회 장면을 꺼낸 이유는 우리 사회가 주식과 주식에 투자하는 행위에 대해 어떠한 선입견을 갖고 있는지 단박에 알 수 있는 일화여서다. 간단히 소개한 몇몇 국회의원은 누군가의 자산 가운데 주식이 차지하는 비중이 많다고 해서 문제를 삼고, 투자한 대상이 삼성전자나 SK하이닉스와 같은 대기업이 아닌 코스닥에 상장한 상대적으로 매출 규모가 작은 중견기업이라는 점을 수상한 투자의 근거로 삼는다. 또한 주식 투자가 정당하지 않은 방법으로 자산을 불리는 것으로 보일 수 있다는 점을 시사하는 의원도 있었다.

필자는 당일 청문회에서 나온 발언을 처음 접했을 때 문자 그대로 '경악'했다. 대한민국이라는 나라가 자본주의 사회가 맞는지 스스로에게 되물을 정도로 주식 투자를 바라보는 우리 사회의 시선이 곱지 않다는 사실을 다시금 깨달았다. 주식 투자자들을 도박꾼으로 본다는 말이 허튼 소리가 아니었구나 싶은 생각도 들었다.

하지만 자본주의를 이끌어 가는 주축은 '주식회사'라는 존재임을 곱씹어 본다면 저들의 질문은 접근 자체가 틀린 것이라 할 수 있다. 우리나라는 물론이고 자본주의 체제를 기반으로 굴러가는 모든 나라는 주식시장을 보유하고 있다. (심지어 '공산당'이 통치하는 중국마저도!) 자본주의의 핵심 플레이어이자, 생산 주체인 회사의 성장을 위해서는 일정 규모 이상의 지속적인 자본 투자가 필수적이기 때문에 그렇다. 주식시장은 회사 입장에서 손쉽게 대규모 투자자금을 끌어올 수 있는 곳이자, 부가적으로는 기업 가치를 냉정하게 평가받을 수 있는 자리다. 주식시장을 '자본주의의 꽃'이라고 부르는 것도 이러한 이유에서다.

그런데도 자산 가운데 주식 비중이 많다는 이유로 누군가의 투자가 옳지 못하다고 판단할 수 있을까? 오히려 필자는 주식을 중심으로 자산을 불려 가는 이를 두고 투자 성향이 공격적인 사람이라고 보는 것이 맞다고 생각한다. 물론 공직자든 아니든, 주식 투자 과정에서 불법적으로 얻은 내부 정보를 활용해 주식을 매수하여 부당이득을 취했다면 지탄받아 마땅하다. 그것은 우리 모두가 지켜야 하는 선을 넘은 투자 행위다. 하지만 예금보다 주식으로 보유하고 있는 금액이 많다는 지적만으로는, 불법성을 주장하기에 부족하다는 것이다.

사실 주식 투자를 부정적으로 바라보는 시각은 비단 국회 인사청문회뿐 아니라 사회 곳곳에 퍼져 있다. 주식 투자자들이 모인 인터넷 카페에서는 해마다 3월이 되면 '아내에게 주주총회 참석 통지문을 들켰다'며 부부싸움을 했다는 고백글이 종종 올라온다. 그런 글들을 적은 남성들은 대개 '아내가 주식 투자를 너무 싫어해서 몰래 하다가 걸렸다'고들 털어놓는다. 추측건대 그들의 아내 분들은 남편이 자신이 모르는 다른 곳으로 수입을 빼돌린다는 점이 가장 기분 나빴을 것이며, 그 액수가 확인되지 않은 상황에서 '몽땅 날릴 수 있는' 주식에 투자했다는 점 때문에 화가 났을 것이다. 자, 이렇게 주식은 많은 이에게 한 방에 크게 벌 수도 있지만 역으로 패가망신할 수도 있는 것으로 인식되고 있다. 가만 보자. 도박을 설명할 때 쓰는 글귀와 한 글자도 다르지 않다. 그렇다. 우리 사회는 주식 투자를 도박과 같은 불법적 행위와 크게 다를 것이 없다고 보고 있다. 여기에 땀 흘려 일한 근로소득이 아니면 도덕적이지 못한 소득이라고 보는 시선도 합세한다. 투기꾼, 작전주, 한탕주의 등 부정적 단어 몇 가지가 추가되면 어디 가서 주주라고 말하기도 조심스러워진다.

하지만 적어도 주식 투자를 해 보겠다고 결심한 사람이라면 이 같은 우리 사회의 오래된 편견에서 벗어나 객관적으로 주식시장을 바라볼 필요가 있다. (주주가 된다는 것이 거창하고 어마어마한 일이 아니라는 점도 기억해 둘 필요가 있다. 누구나 될 수 있다.) 우리는 자본주의 사회의 기초와 맞닿아 있는 생산의 주체에, 그것의 성장 가능성을 판단해, 투자를 하는 것이다. 가치 투자든, 분산 투자든, 그 어떤 형식과 방법으로 투자가 이뤄지든 경제 주체인 기업에 힘을 실어 주는 행위란 것을 잊지 않았으면 한다. 또한 부모로부터 증여나 상속받을 것이 딱히 없는 직장인이 자신이 보유한 자본을 늘리기 위해 '그나마 가능한 수단'이라는 점 역시 기억하길 바란다.

재테크 용어

주식시장

기업의 주식과 이에 대한 파생상품의 거래가 이뤄지는 시장을 가리킨다. 공개가 된 시장도 있으며 그렇지 않은 곳도 있다. 사는 쪽과 파는 쪽 양쪽이 모두 동의하는 가격에서 거래가 이뤄진다. 지난 1956년 한국전쟁 이후 설립된 대한증권거래소가 현대적 의미에서 유가증권 시장을 개설하고 관리한 최초의 기관이라고 할 수 있다.

코스피

유가증권의 매매 거래를 위해 한국증권거래소가 개설한 시장으로, 엄격한 상장 요건을 충족한 주식이 상장 후 거래되는 곳이다. 정확히 코스피는 이 시장에 상장된 종목들의 주식 가격을 종합적으로 표시한 수치를 가리키며 국내 종합주가지수로도 불린다.

코스닥

코스닥위원회가 운영하는 장외거래 주식시장으로서 미국의 나스닥National Association of Securities Dealers Automated Quotation: NASDAQ과 유사한 기능을 하는 중소, 벤처기업을 위한 증권시장을 의미한다. 코스닥 개장으로 증권거래소 상장을 위한 예비적 단계에 머물렀던 장외시장은 미국의 나스닥과 같이 자금 조달시장 및 투자시장으로서 증권거래소와 대등한 독립적인 시장의 역할을 수행하게 되었다. 유가증권시장보다는 상장 기준이 완화된 편이어서 중소기업이나 벤처기업이 많은 것이 특징이다.

주식 투자를 하기 전에,
이것만은 명심하자

이제 막 주식 투자를 하기 위해 계좌를 개설한 당신이라면 한 푼이 아쉬운 돈을 본격적으로 굴리기 전에 성공을 위한 몇 가지 방법을 마음속에 깊이 새길 필요가 있다. 이 수칙들은 주식 투자를 통해 대박을 터뜨릴 묘책이라기보다는 최악의 실수를 저지르지 않기 위한 예방책에 가깝다. 하지만 의외로 주식 투자 좀 했다는 분들도 여기서 언급하는 실수를 자주 저지르기도 하니 잘 기억해 두고, 투자를 본격적으로 시작하기 전에 자신의 행동을 점검해 보았으면 한다. 아울러 이 수칙은 증권사 현직 영업맨과 애널리스트, 재야의 주식 고수 등에게 여러 번에 걸쳐 듣고, 취합한 것으로 지극히 '투자의 정도'를 표방하고 있다는 점을 밝혀 둔다. 운이 억수로 좋은 누군가는 이를 따르지 않더라도 가는 길마다 금맥이 터지듯, 환상의 수익률이 나올 수 있다. 하지만 투자자의 금전운이 최악이어도, 그 손실을 최소화할 수 있는 방법이 필요하다는 생각에서 이 수칙을 나열하고 있다는 점을 고려하기 바란다.

첫 번째 원칙은 바로 '주식은 위험자산'이라는 점이다. 그렇다면 위험자산이란 무엇인가? 우리가 돈을 어딘가에 투자하면 그 행위는 언제나 투자에 실패할 수 있는 위험, 즉 리스크를 안고 있다. 위험자산은 리스크가 큰 폭으로 변동할 가능성이 높은 것들을 가리킨다. 금이나 선진국의 국채, 세계 기축통화인 미국 달러화, 은행예금 등은 안전자산으로 꼽히며, 증권이나 비트코인 등이 위험자산이라 할 수 있다. 예를 들어, 주식을 백만 원어치 매수했는데 그 이후 갑자기 그 회사가 부도가 나거나 대표이사의 심각한 횡령배임 문제가 터지면서 큰 폭으로 주식가격이 떨어졌다고 하면, 이 손실은 오롯이 투자한 사람이 짊어지고 가야 한다. 그래서 주식을 위험자산이라고 하는 것이다. 증권가 사람들과 만나 보면 '주식에 잘못 투자하면 투자 원금마저 홀랑 날리고 빚더미에 앉을 수도 있다'는 사실을 잊은 이들이 많은 것 같다는 이야기를 자주 듣는다. 최근 보도된 기사를 보면 개인 투자자들이 신용대출 등을 받아 그 돈으로 주식에 투자하는 경향도 뚜렷해진 듯하다. 그러나 이 같은 접근은 주식시장의 변동성을 감안할 때 발생할 수 있는 투자 리스크를 깊이 고민하지 않은 결과라고 볼 수 있다. 전업 투자자가 아닌 부업, 취미로 주식 투자를 하는 사람들이 많기에 그 위험성을 피부로 느끼지 못하는 것일지도 모른다. 그러나 주식시장은 개인의 금전운만으로 요행을 바라기에는 변동성이 너무나도 큰 곳이기에 '투자 원금을 날릴 수도 있지만, 그래도 현금 흐름에는 문제가 없다'는 판단이 섰을 때 진입하는 것을 추천한다.

두 번째 원칙은 '몰빵 투자를 피하라'다. 계란을 한 바구니에 몽땅 담으면 바구니를 떨어뜨렸을 경우 손해가 막심하다는 고전적인 이야기를 굳이 꺼내지 않더라도 '올인'을 외치는 이들이 주식시장에서 성공할 확률은 매우 낮다. 주식은 도박이 아니라 투자이기에, 포트폴리오를 나눠서 진행하는 것이 안전하다. 그래야 한쪽에서 망해도 덜 망한, 혹은 잘되는 한쪽에서 손실을 보완할 수 있다. 수중에 들고 있던 돈을 유망해 보이는 하나의 종목에 올인하는 것은 절대로 하지 않기를 바란다. 그것은 카지노에서 자신이 최강의 패를 갖고 있다고 자신하다가 빈털터리가 되는 도박가의 모습과 다를 것이 없다.

물론, 이 같은 경고에 '우리나라 주식시장은 도박장이 아니냐'고 반문하는 이들도 많다. 실제로 공매도와 작전주가 판을 치는 이

혼탁한 시장에서 좋은 기업과 주식을 감별해 투자하는 것이 무슨 의미가 있겠냐며 주식 투자를 꺼려하는 이들도 많다. 이들의 지적도 일견 맞는 말이다. 우리나라 주식시장에는 단기에 한탕을 크게 벌려는 분위기가 팽배한 것이 사실이다. 실제로 대형 포털 사이트 주식 종목방에 들어가 보면 '내일은 얼마까지 오를 거다', '시간 외로 털지 못하면 너네는 다 망했다' 등 극단적인 예측이 오가며 투자자의 눈을 어둡게 하는 정보가 떠다닌다. 특히나 주당 가격이 저렴한 축에 속하는 코스닥 상장사일 경우 이 같은 경향은 더욱 심하다. 게다가 언론도 이런 상황을 부추기고 있다. 오늘도 각종 경제방송과 주식 채팅방에서는 찍기 신공을 부르짖는 이들이 열심이다.

여기서 세 번째 원칙이 등장한다. '묻지 마 귀동냥 투자를 피하라'는 것이다. 소문에 흔들려서 소중한 자산을 특정 종목에 넣는 것은 손해 볼 가능성이 높다. 필자도 사회 초년생 때 '이 종목이 좋대'라는 친구나 지인의 말을 듣고 몇 번 넣었다가 번번이 실패한 적이 있다. 이런 식의 투자는 절대로 성공할 수 없다. 그 이유는 내가 알 정도면 남들도 다 아는 정보에서 출발한 투자이기 때문이다. 냉정하게 생각해 보자. 만약, 당신이 수익률 몇 프로 이상이 보장되는 알짜 주식을 정말 알고 있다면 다른 사람에게 동네방네 떠들며 투자하라고 하겠는가? 정상적인 사고라면 아니올시다. 이타적 행동으로 가족 정도에게 알려 줄 수는 있겠지만 불특정 다수에게 "이 주식 최고야."라고 하는 건, 상식적으로 납득할 수 없는 행위다. 따라서 누군가가 자신에게 "이 종목에 투자하세요."라고 묻지도 따지지도 않고 추천한다면, 우선 그 종목부터 제치고 생각해 보는 것이 좋다. 열에 여덟은 작전 세력들이 마지막 상투를 잡을 희생양을 찾는 상황일 수 있기 때문이다. 특히나 거래되는 양이 적은 주식이 아무런 이유 없이 움직이는 것은 조심해야 할 필요가 있다. 같은 맥락에서 각종 테마주도 떨어지는 주식 장에서 칼날을 받아낼 수 있을 정도로 내공이 쌓인 전업 투자자가 아니라면 굳이 들어가지 않기를 추천한다. 대북주, 총선주, 수소차주 등 어디가 좋다더라, 이런 소문에 들어갔다가 발목 잡힌 사람들이 부지기수다. 만약 누군가에게 추천받은 특정 종목에 꼭 투자하고 싶다면 1, 2주만 정찰병처럼 먼저 보내 놓고 추세를 살핀 후에 들어가는 것을 추천한다. 연중 내내 상승만 하는 종목은 찾기 어렵다. 오르락내리락 흐름을 만들며 가는 종목이 대부분이기에 차트를 연 단위 이상으로 넓게 보면 들어가고 나올 타이밍을 찾기 쉬울 것이다.

네 번째 원칙은 '투자하는 기업의 펀더멘털에 주목하라'다. 기업은 이윤을 창출하는 것을 목적으로 한다. 펀더멘털fundamental은 이러한 기업들의 돈 버는 기술에 대한 고려다. 따라서 펀더멘털을 중시한 투자는 해당 기업이 다른 기업과 차별화되고, 또 특출나게 돈을 버는 능력이 있는지 없는지를 따져 투자하는 것이다. 기업 펀더멘털을 살펴보는 방법은 그동안의 경영 성과나 기업 내재 가치 등을 살피는 것부터 시작인데, 만약 A라는 기업이 특허 기술을 적용한 상품으로 해마다 관련 매출이 늘어나고 수익성이 개선되고 있다면 펀더멘털이 양호하다고 판단할 수 있다. 반면, 진입장벽이 낮은 상품이나 서비스에 기반한 매출을 내고 있으며 그 매출이 해마다 줄어들고 수익성 역시 나빠지는 상황이라면, 펀더멘털이 좋지 않다고 볼 수 있다.

만약 펀더멘털을 따져 보는 것이 어렵게 느껴진다면 처음 투자할 때는 소비재 중심으로 기업 가치를 따져 보는 방법도 좋다. 예를 들자면, 즉석밥을 자주 먹는 사람이라면 CJ제일제당과 오뚜기의 매출과 영업이익을 살펴보고, 1인 가구가 늘어나는 우리 사회의 트렌드가 즉석밥 시장에 어떠한 영향을 미칠지를 분석한 자료를 찾는 등의 과정을 통해 국내 식품기업의 펀더멘털을 살펴보는 것처럼 말이다. 이렇게 자신을 둘러싼 주변 기업들의 펀더멘털을 살펴보는 훈련을 하게 되면, 훗날 자신의 일이나 경험과는 동떨어진 생경한 기업에 대해 투자를 고려하는 상황이 오더라도 당황하지 않고 재무제표를 찾고 시장 자료를 분석할 수 있게 될 것이다.

다섯 번째 원칙은 '주식을 살 때만큼이나 팔 때도 주의를 기울여야 하며, 되도록 잦은 매매는 피하라'다. 최고수 주식 투자자들 역시 두려워하는 일은 매도에 실패하는 것이다. 투자의 귀재로 불리는 워런 버핏^{Warren Buffett}도 왕왕 실패하는 일이 있다는 평가를 들을 정도로 어려운 것이 바로 매도다. 변동선이 큰 자산이기에 매도는 항상 어려울 수밖에 없다. 때문에 전업 투자자를 비롯한 주식 투자의 고수들은 몇 가지 방법을 통해 매도의 리스크를 최소화하고 있다. 제일 많이 활용되는 방법은 특정 종목을 매수했을 때 매도 목표 가격을 정해 두고 기다리는 것이다. '몇 % 오르면(내리면) 적정하니 팔아야겠다, 주당 얼마까지 오르면(내리면) 갖고 있는 주식의 반 이상을 판다' 등의 세부적인 목표를 세우는 식이다. 하지만 이 방법은 주식이 급등하거나 급락할 때 행동으로 실행하기 쉽지 않다. 특히 급락보다는 급등할 때 '조금 더 이득을 보고 팔아야겠다'는 생각을 하기가 쉽기에 더욱 힘들다. 하지만 워낙 오르내림이 심한 것이 주식이기 때문에 오늘 15%가 올랐다고 해서 내일도 오르리란 보장은 없다. 따라서 정해진 계획대로 매도 시점을 잡는 것이 후회가 덜한 투자전략이라 할 수 있겠다.

잦은 매매는 가뜩이나 실패할 가능성이 높은 개인 투자자들의 수익률을 떨어뜨리는 요인이다. 모든 거래에 있어서 투자의 원칙을 지키기도 어려울 뿐 아니라 거래세나 수수료 등의 부담도 연거푸 져야 하기 때문이다. 반면, 증권사 입장에서는 매도와 매수를 자주 시도하는 이들을 환영한다. 중간에서 수수료를 떼기 좋기 때문이다 (물론 요즘에는 일정 금액 이상을 예치한 고객에게 수수료를 청구하지 않 는 경우도 있다). 때문에 전업 투자자처럼 매일같이 시황표를 살피며 거래 타이밍을 잡을 자신이 있는 것이 아니라면, 적어도 반기는 꺼 내 쓰지 않아도 되는 여유 자금을 주식에 넣는 것이 바람직하다.

여섯 번째 원칙은 '투자 기간을 슈퍼 롱텀(초장기)으로 잡으라' 는 것이다. 이는 1~2년 수준이 아닌 10년 이상을 내다보고 가는 투자라 할 수 있겠다. 극단적 표현으로 투자한 사실을 잊을 정도로 오랜 시간이 지날 만큼 돈을 묻어 둔다는 이야기다. 다만, 이 방법은 좋은 기업을 고르는 눈이 우선되어야 하며 투자한 기업이 지속적 으로 발전할 수 있다는 투자자의 판단도 담보돼야 한다. 물론 초장 기 투자를 결심한 경우에도 기업이 속해 있는 산업에 큰 변화가 발 생한다면 언제든 포트폴리오의 수정은 필요할 것이다. 초장기 투 자를 결심했다면 국내 기업일 경우 금융감독원 전자공시시스템^{DART} 에서 투자한 기업이 분기, 반기별로 공개하는 실적 보고서를 꼭 챙 겨 보기 바란다. 매출이 직전 분기, 지난해 같은 시기보다 더 늘어 났는지 아니면 줄었는지, 영업이익의 수준을 지키고 있는지 등을 따지다 보면 해당 종목에서 자금을 뺄지 말지 판단이 서게 될 것이다. 아울러 기업의 실적뿐 아니라 배당에 대한 결정, 산업 자체의 성장성, 경쟁사의 움직임 등도 종합적으로 확인하고 투자 지속 여부를 체크하는 것이 바람직하다. 이 과정에서 경제신문 기사나 증권사 애널리스트 리포트 등을 참고하되 판단은 결국 개인의 몫이기에 공개된 자료는 업계 흐름을 확인하는 용도로만 활용하는 것이 좋다.

미국 월가의 스타 펀드매니저로 활약했고, 당시 저평가된 한국 기업 주식을 사들여 장기투자하는 방식으로 누적 수익률 1,600%라는 엄청난 성공을 거둔 존 리^{John Lee} 메리츠자산운용 대표이사. 그는 개미투자자들에게 장기투자를 권하는 이로 유명하다. 존 리 대표가 언론 인터뷰 등에서 자주 강조하는 말은 다름 아닌 '주식은 반드시 여유자금으로 시작하라'다. 만약 당신이 20대라면 월급의 10%로 시작해 조금씩 주식을 사 모으며 노후의 원활한 현금 흐름을 위한 대비책으로 투자하라는 이야기다. 덩치가 크고 환금성이 낮은 부동산에 금융자산이 몰려 있는 한국의 상황에서, 기업 배당금은 확실한 노후대비 자금이 되어 줄 것이다.

재테크 용어

공매도

가격 하락을 예상해 주식이나 채권을 빌려 매도하는 것을 가리킨다. 증권회사 등으로부터 빌린 주식을 파는 것으로서 형태는 실물거래지만 보유하고 있지 않은 주식을 팔기 때문에 공매도라고 부른다. 주가가 떨어질 것을 예상해 시세차익을 노리는 방법으로, 주가가 떨어질 때도 수익을 낼 수 있다는 것이 특징이다. 결제일이 돌아오는 3일 안에 해당 주식이나 채권을 구해 매입자에게 돌려주면 되기 때문에 약세장이 예상될 때 극성을 부린다. 이 방법은 투기성이 짙어 국가에서는 공매도를 할 수 있는 방법을 제한하고 있다. 특히 2020년 코로나바이러스감염증-19의 확산으로 주식시장이 극도로 불안정해지자, 정부는 코스피와 코스닥, 코넥스 시장 상장종목에 대해 공매도를 일시적으로 금지하기도 했다.

공매도로 수익을 얻는 방식은 다음과 같다. 예를 들어, A 사의 주식이 현재 주당 30만 원이고 이틀 후 인수합병$^{M&A}$ 발표가 예정돼 있다고 하자. 투자자 B는 M&A 발표에 따라 A 사 주식이 20만 원으로 떨어질 것이라고 예상하고 일단 1주를 빌려 시장에 30만 원에 매도한다. 이틀 후 A 사 주식이 실제로 20만 원까지 떨어졌을 경우 B는 20만 원에 A 사 주식을 매입, 입고하면 차익 10만 원을 얻게 되는 식이다.

작전주

시세차익을 노린 세력이 주가조작의 대상으로 삼은 주식이다. 보통 작전세력들은 특정 종목을 정한 후 저점에서 물량을 매입한 후 어느 정도 물량이 확보된 이후 서로 사고파는 방식으로 주가를 크게 높여 시세차익을 거둔다. 또 이 과정에서 주식 단체 카톡방, 주식 상담전화 등을 활용해 일반 투자자들이 진입하도록 유도하는 방식으로 투자금을 회수하기도 한다.

펀더멘털

'기본적인, 근본적인'이라는 뜻을 지닌 단어. 경제 용어로 활용될 경우에는 그 대상에 따라 약간 다른 의미를 지닌다. 우선, 이 단어가 한 나라의 경제 상태를 표현한다면 성장률이나 물가상승률, 실업률 등의 주요한 거시경제 지표를 가리킨다. 즉, 한 나라의 경제를 파악하는 가장 기초적인 자료가 되는 데이터를 의미한다. 증권가에서는 ① 주식시장의 기초체력, 또는 ② 특정 기업의 재무 상태나 수익을 창출해 내는 능력 등을 펀더멘털이라고 칭한다. 예를 들어, A라는 회사의 매출을 분석했을 때 흑자를 내고 있고 또 순이익 역시 꾸준히 상승하고 있다면 '펀더멘털이 좋은 기업'이라고 할 수 있다.

가치 투자

새로운 뉴스를 좇아 주식을 투자하는 이들은 '정보 투자자'라고 한다. 이에 반해 시장을 쥐락펴락하는 정보에 따라 돈을 넣기보다 기업의 근본적 가치를 따져 주식 투자를 하는 '가치 투자자'들이 주식시장의 또 다른 한 축을 차지하고 있다. 대표적인 가치 투자자로는 '오마하의 현인'으로 불리는 워런 버핏이 있다.

PER(Price Earning Ratio)

현재 주가를 주당순이익으로 나눈 값을 뜻한다. 주당순이익^{EPS}은 기업이 벌어들인 당기순이익을 주식 수로 나눠 준 값이다. 만약 주가가 1만 원인 A 사와 B 사가 각각 주당순이익이 1,000원과 5,000원으로 다를 경우 투자자는 어떤 기업 주식을 고르는 것이 좋을까. 양사의 다른 조건이 동일하다고 가정한다면 주가에 비해 많은 이익을 창출하고 있는 B 사(PER=2)를 선택하는 것이 바람직할 것이다. 이처럼 PER은 현재 주가가 싼지 비싼지를 판단할 수 있는 기준이 되는 수치다. PER이 10이라고 할 경우 현재의 주당순이익이 계속 유지될 때 10년이 지나야 주당순이익으로 주가만큼의 돈을 벌 수 있다는 뜻으로 이해하면 된다.

공모주

주식회사가 일반 투자자를 대상으로 자금을 공개모집하는 주식이다. 반대로 50명 미만 특정한 개인이나 기관 투자자를 대상으로 주식을 발행하거나 매각할 경우에는 사모 절차를 밟는다. 기업 규모가 일정 수준 이상 커지면 원활한 자금 조달을 위해 주식시장에 기업을 공개^{IPO}하는데, 이 과정에서 불특정 일반인을 대상으로 발행하는 주식이 '공모주'이며 이 공모주를 사겠다고 신청하는 행위를 공모주 청약이라고 한다.

테마주

특정한 주제의 영향으로 시장의 주목을 받는 주식을 가리킨다. 남북관계의 개선이 점쳐질 경우에는 대북 테마주, 코로나바이러스감염증-19 진단시약이나 백신 관련한 뉴스가 뜰 때는 제약바이오 테마주가 뜨는 식이다. 아무런 관계가 없는 종목도 테마주 종목으로 엮이는 경우도 있기 때문에 실질적인 수혜주인지 따져 보고 투자해야 한다.

주식 거래는 어떻게 하는 거지?

주식을 사 보고 싶다는 생각이 들었다면 활용할 수 있는 방법은 여러 가지다. 가장 기본은 증권사에 자신의 계좌를 만드는 것이다. 대개는 증권사 영업지점에 방문해 대면으로 계좌를 만드는 경우가 많다. 만약 대면 방법으로 계좌를 만들기로 선택했다면, 실명제 때문에 신분증을 반드시 지참해야 한다는 점을 잊으면 안 된다. 이 경우 한번 계좌를 만든 후에는 전화나 홈트레이딩서비스^{HTS}를 통해 거래할 수 있다. 특히 최근 몇 년 사이 증권사들은 영업지점을 '돈이 되는' 곳들에만 운영하는 경향이 있어서 거주지나 직장에서 증권사 지점이 제법 멀 수도 있다. 또한 이런저런 사정으로 지점 방문이 부담스러울 수도 있다.

이럴 때는 비대면으로 계좌를 만드는 것도 좋은 방법이다. 일부 증권사에서는 가까운 시중은행 고객에게 계좌를 개설해 주기도 한다. 또한 젊은 층 사이에서 주식 투자 열풍이 불면서 웬만한 시중 증권사들은 비대면 계좌개설을 환영하는 분위기다. 예를 들어, NH투자증권은 케이뱅크에서 비대면으로 은행계좌를 만들면 주식계좌도 동시에 개설해 주는 서비스를 제공하고 있다. 하이투자증권도 비대면으로 계좌를 개설한 고객을 대상으로 수수료를 할인해 주거나 면제하는 등의 혜택을 제공하고 있다.

계좌를 만들었다면 주식에 투자할 금액을 이체해 두고, 원하는 종목을 사고팔면 된다. 기본은 PC용 프로그램이지만 이동하면서 투자를 하고 싶을 경우에는 모바일 애플리케이션을 설치하면 좋다. 필자의 경우 근무 중에는 도저히 증권 계좌에 신경을 쓸 수가 없어서 일부러 모바일 앱은 깔지 않고 있는데, 회사원들은 대개 모바일을 통해서 틈틈이 투자를 하고 있는 것이 사실이다. 증권사마다 HTS가 구동되는 방식은 약간씩 다르다. 부르는 이름도 제각각이다. 하지만 특정한 종목을 사고판다는 것이 기본이며, 가격과 시간 정도가 중요한 변인이다. 은행계좌에 접속하는 것처럼 동일하게 아이디와 비밀번호, 공인인증서 비밀번호 등을 입력하고 시스템에 접속하면 자신의 계좌가 뜬다. 이미 구입해 둔 종목이 있다면 종목이 어떤 식으로 움직이고 있는지가 뜰 것이며, 아니면 계좌에 넣어 둔 돈이 얼마인지가 보일 것이다. 기본적으로 설정된 HTS 프레임을 바꾸고 싶다면 설정으로 가서 자신의 취향에 맞는 메뉴를 편집하는 것도 방법이다. 보통은 주식, 주식주문, 계좌, 매매동향 등을 중점적으로 올려 두고 보는 이들이 많다. 특히 관심종목 파트를 잘 구성해 두면 종목을 매도, 매수할 때 살펴보기 좋다. 모바일이 아닌 PC에서 HTS에 접속하면 무척이나 복잡한 화면이 전면에 뜨게 되는데 부담스러워하지 말고, 주문으로 들어가면 된다. 가장 중요한 것은 매매 타이밍과 가격이라는 점, 이것만 잊지 않으

주식 거래 시 가장 중요한 것은 매매 타이밍과 가격이라는 점, 이것만 잊지 않으면 성공이다.

면 성공이다.

　예를 들어, 삼성전자 주식을 100주 갖고 있는데 이 가운데 35주를 파는 상황을 가정해 보자. 제일 먼저 현재가를 살펴야 한다. 만약 현재 거래되는 가격이 내가 팔고 싶은 가격이라면 현재가에 두고 35주를 매도하는 주문을 넣으면 된다. 하지만 그래프가 상승세를 타는 분위기라면, 현재가에 팔면 아쉬우니 살짝 기다려 본다. 다른 사람들이 매도가와 물량을 어떤 식으로 넣었는지 살피고 원하는 가격을 넣고 매도 주문을 걸어 둔다(이런 상황에서 시장 분위기를 잘 파악해 매도 주문 금액을 적절하게 설정해 두면 이익을 극대화할 수 있다). 기본적으로 주식 거래는 서로의 가격이 맞아야 체결되는 것이기에, 만약 원하는 가격까지 삼전 주식이 오르지 않으면 거래는 되지 않는다. 원하는 가격에 예약 주문을 걸 수도 있다. 만약 자신이 사용하는 HTS 프로그램이 어렵다면 고객센터 등에 상담을 받아 가며 주문을 넣는 방법도 추천한다.

실패인 듯 실패 아닌 투자

사례 1. 김지원 과장은 2018년 11월 카카오 주식을 9만 3,000원에 55주 샀다. 김 과장이 산 이후 11만 원이 넘게 오르던 주가는 2019년 정초를 지나면서 카카오와 택시업계 사이에 신개념 모빌리티 사업에 대한 갈등이 깊어지면서 하락세를 그렸다. 심지어 카카오 카풀 도입에 반발하면서 1월과 2월 두 차례에 걸쳐 택시기사가 분신을 시도하는 일이 벌어지면서 주가는 출렁댔다. 카풀 사업이 불투명해지자 주가는 9만 원대 중반까지 속절없이 떨어졌다. 김 과장이 목표했던 주가는 주당 13만 원. 김 과장은 카풀 등 신규 사업이 회사의 계획대로 진행된다면 충분히 가능한 목표 주가라고 생각했다. 그렇다면 김 과장은 가격이 흔들리고 있는 카카오 주식을 들고 있어야 하는가, 아니면 매도해야 하는가?

사례 2. 한지수 대리는 2019년 1월 말에 회사에서 받은 상여금으로 주식 투자를 하기로 마음먹었다. 한 대리가 주식을 하고 싶다는 말을 하자, 주변의 많은 사람은 "요새는 주식 들어갈 때가 아니다."라며 극구 말렸다. 그들은 요즘 장이 좋지 않으니 이럴 때는 자중하고 있어야 한다고 말했다. 하지만 한 대리는 상여금 일부를 꼭 주식에 넣고 싶은 마음이 컸고, 결국 종목을 혼자서 찾아보고 고민을 거듭하다 배당주인 맥쿼리 인프라에 상여금을 넣기로 결정했다. 해당 종목을 주당 9,800원대(평단가)에 100주 가량을 매수한 한 대리는 목표가를 딱히 신경 쓰지 않고, 배당에만 관심을 두고 있다.

사례 1과 2는 모두 우리 주변에서 쉽게 찾아볼 수 있는 주식 투자 모습이다. 특히 사례 1과 같은 상황을 겪은 사람은 해수욕장의 모래알만큼이나 많을 것이다. 특정 회사의 펀더멘털에 대한 공부도 하고, 앞으로 매출도 주가도 승승장구할 것이라는 판단 아래 여유자금을 쏟아부은 주식이 생각보다 오르지 않을 때, 우리는 '주식 괜히 했다'고 생각하기 쉽다. 차라리 그 돈으로 소주나 사 마실 것을, 괜히 아껴서 주식에 넣었다가 피눈물이 나는구나 싶어서 비통해지기도 한다. 이 같은 상황이 하루가 아니라 몇 달간 지속되면 많은 투자자는 이 종목을 손절해야겠다고 생각한다. 그렇게 팔아버린 주식은 (항상 그런 것은 아니지만) 대개는 내가 팔고 나면 오르기 시작한다. 억울하기 그지없는 상황이다.

증권가에서 오랫동안 고객을 상대했던 전문가[PB]는 필자에게 이렇게 말했다. 투자한 종목이 맥을 못 추고 흔들리고 있다면 자신이 종목을 잘못 고른 것인지, 아니면 주식시장 자체가 안 좋을 때인 것인지, 그것도 아니면 종목이 처한 특수상황 때문에 주가가 떨어지는 것인지를 가려볼 필요가 있다고 말이다. 이들 상황 모두 주가가 떨어진다는 것은 동일하다. 하지만 그 원인은 각기 다르며, 이에 따른 투자자의 대응 역시 달라야 한다. 사례 1의 경우라면, 필자는 원하는 목표가까지 들고 있다가 매도하는 것을 추천한다. 예상치 못한 상황에서 발생한 사건(택시기사의 분신)과 카카오라는 회사가 지닌 펀더멘털은 별개의 것이기 때문이다. 물론 모빌리티 사업에 즉시 진출한다면 카카오의 미래는 더욱 밝겠지만, 문제가 된 사건이 카카오의 다른 주력 매출에 큰 영향을 미치지 못할 것이라는 판단이 선다면 투자를 유지하는 것이 맞다. 실제로 김 과장이 매도를 망설이던 2019년 2월 이후 카카오 주가는 지속적으로 오르고 있다.

사례 2의 경우는 큰 욕심 없이 배당으로 만족하는 경우다. 실패보다는 성공에 가까운 케이스라 할 수 있겠다. 한번 주식을 사두면 자주 들춰 보는 것을 좋아하지 않는 필자가 선호하는 종목이 바로 배당주인데, 언급된 종목 외에도 배당을 세게 하는 회사들이 제법 있다.

S-OIL^{에스오일}, KT&G, 한국기업평가, 한국토지신탁 등 시가 배당률이 높은 기업들이 배당주로 꼽히는데 이들 종목을 배당락이 되기 한 달 전쯤부터 구입해 두면 배당으로 이익을 챙기기 좋다. 다만, 우선주처럼 배당에 초점이 맞춰진 주식은 거래량이 보통주보다 적은 경우가 많기에 가격 등락이 심할 수 있고, 매도하고 싶을 때 매도가 안 되는 상황과 마주할 수도 있다는 점이 단점으로 꼽힌다. 빠르게 오를 수 있지만 그만큼 떨어지는 것도 쉽다는 점, 잊지 말아야 할 것이다.

펀드가 뭐야?

펀드는 투자자로부터 모은 자금을 자산운용회사가 주식 및 채권 등에 투자운용한 후 그 결과를 돌려주는 간접투자상품이다. 투자자가 주식이나 채권 등을 직접 알아보고 골라서 투자하면 직접투자이고, 자신의 투자금을 자산운용회사에서 운용하는 펀드에 맡기면 간접투자라 할 수 있다.

펀드는 상대적으로 적은 돈으로 쉽게 투자할 수 있다는 것이 최대 장점이다. 또한 여러 종목의 주식, 채권에 투자하기에 집중투자에 따른 위험을 낮출 수 있다. 주식이나 채권, 부동산 등 여러 분야에 전문지식을 보유한 펀드매니저가 투자 운용하기에 (그들은 펀드 수익률로 평가받는다) 전문가에게 맡길 수 있다는 점도 장점으로 꼽힌다.

시중에서 만날 수 있는 펀드는 종류가 여럿이다. 가장 흔하게 접하는 펀드 상품은 증권펀드로 투자자의 자금을 주식에 60% 이상 투자하는 '주식형 펀드'와 채권에 60% 이상 투자하는 '채권형 펀드'가 있다. 이들을 섞어 채권 투자의 안정성과 주식 투자의 수익성을 모두 꾀하는 '혼합형 펀드'도 나와 있다. 상대적으로 채권형 펀드는 수익률이 낮으며 대신 손실의 위험도 낮다.

주식시장과 연동돼 수익률이 결정되는 펀드도 있다. ELS^{Equity-Linked Securities, 주가연계증권} 펀드는 특정 주식의 가격이나 주가지수 변동에 연결돼 투자수익이 판가름 난다. 이는 혼합형 펀드이며 '중수익 중위험'으로 분류된다. 이 펀드의 구조는 자본잠식이나 거래중지 등의 문제가 터질 수 있는 종목을 제외하고 섹터별로 고른 개별 주식 가격과 주가(코스피나 홍콩항셍지수)가 어떻게 움직이냐에 따라 확정적으로 수익률이 결정된다.

예를 들어, 기초자산이 결산 시기까지 가입일 기준 15% 이상 한 번이라도 오를 경우 확정금리로 얼마를 제공한다는 상품도 있고, 아니면 기초자산 가격이 오르든 떨어지든 일정 구간 내에서만 움직이면 수익률에는 영향을 미치지 않는 상품도 있다. 이처럼 ELS 펀드는 설계된 구조가 다양하다는 것이 특징이라 할 수 있다.

다만, 주가변동과 연동되기 때문에 장세에 대한 예측을 하고 그에 맞춰 가입하는 것이 좋다. 또한 증권사 등에서 '원금보존형' ELS 펀드라고 고지해도 주가와 연동돼 수익률이 결정되기 때문에 완벽한 원금 보장은 되지 않는다.

ELS의 장점은 투자자의 투자 성향에 따라 수익성과 안정성을 고려하여 상품을 선택할 수 있다는 점이다. 만약 안정성을 추구하는 보수적인 투자자라면 만기 시 원금 보장을 받으면서 시중 금리 이상의 목표 수익률을 기대할 수 있기에 만족할 것이다. 공격적 투자자일 경우에도 주식 투자와 비슷한 구조로 고수익을 기대할 수 있는 ELS 펀드에 투자하는 것을 추천한다.

원자재나 환율, 금리를 기초자산으로 삼는 DLS^{Derivative Linked} ^{Securities, 파생결합증권} 펀드도 있다. 이 펀드는 이자율이나 통화, 실물자산과 같은 투자대상의 가치 변동과 연계해 미리 정해진 방법에 따라 이익이 결정된다.

이 외에도 단기금융상품에 투자하는 MMF^{Money Market Funds}와 선물과 옵션 등 파생상품에 투자하는 파생상품펀드, 부동산이나 실물에 투자하는 펀드가 있다. MMF는 대표적인 단기 금융상품으로 꼽히며 일시적인 여유자금을 금리나 신용 위험이 낮은 국공채나 어음 등에 투자해 운용 수익을 배당하는 펀드로 이해하면 된다.

나의 투자 성향은 어느 쪽일까?

사람마다 자신이 좋아하는 색상이나 음식이 다르듯 투자에도 개인별 성향이 다르다. 증권사는 투자대상 자산의 종류와 위험도를 감안해 투자 위험 등급을 분류해 두고 있으며 개인의 투자 성향에 따라 적합한 상품을 고르도록 권유하고 있다. 이처럼 자신의 투자 성향을 파악하고 상품을 고르는 것은 금융사의 '불완전 판매'를 예방하기 위해서다. 또한 이는 예적금을 제외한 모든 금융상품은 정도의 차이는 있지만 원금 손실의 위험이 있다는 전제 아래 투자자 본인이 판단하여 책임을 지고 투자를 진행하라는 의미다. 따라서 투자 성향에 대한 체크는 내가 수익을 기대하는 것만큼 손실도 감내할 수 있는지에 대해 확인하는 절차라고 보면 되겠다.

금융상품도 하나의 상품이니만큼 증권사, 자산운용사 등에서는 원금 손실의 위험을 축소하거나 수익률에 대해 오해를 불러일으킬 만한 영업 멘트를 내세우는 경우가 많다. 이것이 바로 불완전판매인데 펀드나 보험 등을 가입할 때 종종 발생한다. 합리적인 의사결정을 하는 데 필요한 금융상품의 구조와 거래 위험성에 대해 정확히 설명하는 길만이 '완전판매'라 할 수 있다. 특히 고객의 투자 성향에 맞지 않는 금융상품을 권유하는 행위도 대표적인 불완전 판매에 해당한다. 현행 「자본시장과 금융투자업에 관한 법률」에서는 모든 금융사는 고객의 투자 성향 등급을 매긴 후 성향에 맞지 않는 상품을 권유할 수 없도록 하고 있다. 다만, 이 과정에서 금융사가 자사가 판매하려는 펀드에 맞춰 고객의 투자 성향 조사 결과를 유도하는 등의 편법적 행위도 자주 발생한다. 이러한 경우 투자 손실에 대한 배상책임을 두고 고객과 금융사 사이에 법적 분쟁이 발생하기도 한다.

　투자 성향은 설문지 형태로 몇 가지 문항에 대해 작성하면 파악할 수 있다. 통상적으로 투자 성향은 안정형, 안정추구형, 위험중립형, 적극투자형, 공격투자형 등 5단계로 구분된다.

　위험도 구분에서 초고위험군에 해당하는 공격투자형은 펀드 가운데서도 주식형, 파생형, 원금비보장형 ELF 등에 투자할 수 있

• 고객 투자 성향 등급

1등급 공격투자형	시장 평균 수익률을 훨씬 넘어서는 높은 수준의 투자 수익을 추구하며 이를 위해 자산가치의 변동에 따른 손실위험을 적극 수용함. 투자자금의 대부분을 주식이나 주식형 펀드, 또는 파생상품 등의 위험 자산에 투자할 의향이 있음
2등급 적극투자형	투자원금의 보전보다는 위험을 감수하더라도 높은 수준의 투자수익 실현을 추구함. 투자자금의 상당 부분을 주식이나 주식형 펀드, 또는 파생상품 등의 위험 자산에 투자할 의향이 있음
3등급 위험중립형	투자에 상응하는 투자 위험(리스크)이 있음을 충분히 인지하고 있음. 예금 또는 적금보다 높은 수익을 기대할 수 있다면 일정 수준의 손실 위험을 감수할 수 있음
4등급 안정추구형	투자원금의 손실 위험은 최소화하며 이자소득이나 배당소득 수준의 안정적인 투자를 목표로 함. 예적금보다 높은 수익을 위해 자산 중 일부를 변동성 높은 상품에 투자하는 등의 수익을 위한 단기적 손실을 수용할 수 있음
5등급 안정형	투자원금 손실이 발생하는 것을 원하지 않음. 예금 또는 적금 수준의 수익률을 기대함

으며, 회사채의 경우 신용등급 BB⁺ 이하(최근에는 이 등급에 해당하는 회사채 시장 인기가 떨어진 상태다)도 투자대상으로 삼을 수 있다. 이 밖에 기업어음, 외화채권, 선물 등 '하이 리스크, 하이 리턴'의 투자 성향을 보이는 상품에 투자할 수 있는 이들이다.

반면, 두 단계 아래로 내려온 위험중립형 투자자라면 펀드는 채권과 주식을 혼합한 형태, 또는 원금을 부분 보존할 수 있는

ELF, 회사채 역시 BBB⁺ 이상의 신용등급에 랭크한 기업까지 투자할 수 있다. 원금 손실을 극도로 꺼리는 안정형 투자자는 초저위험 금융상품만 권유해야 하는데 여기에 해당하는 상품은 국공채형 펀드, MMF, 은행 예적금과 국고채, 통화안정채권 등으로 한정된다.

• **고객 투자 성향별 적합한 금융투자상품**(펀드 및 펀드 외 상품 구분, 상품위험도 기준)

집합투자증권(펀드)	매우 높은 위험	높은 위험	다소 높은 위험	보통 위험	낮은 위험	매우 낮은 위험
펀드 외 금융투자상품	초고위험		고위험	중위험	저위험	무위험
공격투자형(1등급)	○	○	○	○	○	○
적극투자형(2등급)			○	○	○	○
위험중립형(3등급)				○	○	○
안정추구형(4등급)					○	○
안정형(5등급)						○

※ 장외파생상품을 제외한 상품에 한함.

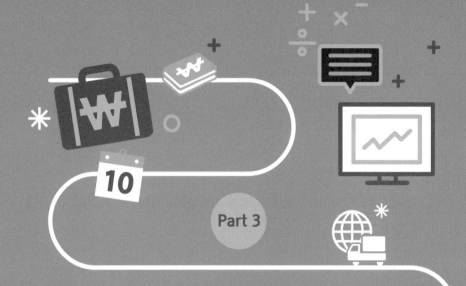

Part 3

#2. 부동산, 살까 말까?

가격이 내릴 때 밀을 갖고 있지 않은 사람은, 오를 때도 역시 밀을 가지고 있지 않다.
: 유럽 전역에서 활동한 투자의 대부, 앙드레 코스톨라니

부동산, 대체 무엇?

필자가 우연히 방문했던 서울 강남구의 어느 카페는 지하 1층과 1층, 2층 총 3개 층을 매장으로 운영했다. 그런데 지하 1층으로 내려가자 뜬금없이 사무실이 등장했다. 지하로 이어지는 계단 바로 옆, 세 평은 될까 싶을 정도의 공간에는 공인중개사 간판을 단 사무실이 있었다.

그곳을 처음 마주했을 때는 자투리 공간을 알뜰하게 사용한 공간 활용법을 두고 대단하다는 생각이 들었고, 그다음에는 이 카페에 드나드는 손님이 많지 않은 탓에 업무공간을 재임대한 것인가 하는 추측도 해 보게 되었다. 그도 아니면 공인중개사 분이 카페가 들어선 빌딩의 주인이라 어색해 보이는 이종업異種業 간 더부

살이가 펼쳐진 것인가 하는 궁금증도 일었다.

　독특한 공간 활용에 대한 고민이 한 차례 지나간 이후에는 공인중개사 사무실이 외부 유동인구와 차단된 곳에 머물면서도 영업이 잘되는지, 어떤 방식의 영업을 진행하는지도 살펴보게 됐다. 이와 같은 궁금증은 바로 우리가 살아가는 땅, 바로 부동산에 대한 이야기와 이어진다. 앞서 언급한 궁금증과 생각은 상업용 부동산의 입지와 가격에 대한 문제이며, 시선을 도심이 아닌 베드타운 등으로 옮기면 거주용 부동산에 대한 설명이 될 것이다. 독자들도 자신이 생활하는 지역에서 아주 손쉽게 부동산에 대한 지식을 확장해 나갈 수 있다. 자주 들르는 상가 반찬가게의 월 임대료, 다음 달 입주하는 신축 아파트의 전월세 가격처럼 부동산은 우리네 삶과 아주 긴밀하게 맞닿아 있는 영역이자, 다른 재테크 수단에 비해 상대적으로 다양한 정보가 공개돼 있는 분야이기도 하다.

　이번 파트에서 우리가 살펴보고자 하는 재테크 대상은 '부동산'이다. 부동산은 리츠 투자 같은 특수한 방법을 활용하지 않는 한, 앞서 살펴본 그 어떤 재테크 수단보다 투자에 들어가는 자금 규모가 크다. 한번 상승세를 타면 5,000만 원과 1억 원 정도는 우습게 오르지만, 막상 가격이 떨어질 때는 금융위기 정도가 닥쳐야 '아, 떨어졌구나' 싶을 정도로 하락요인이 즉각적으로 반영되지는 않는 편이다. 그래서일까. 많은 사람은 부동산을 제1자산으로 삼는 경우가 많다. 투자자 본인이 거주하는 곳으로 활용할 수도 있는 데다 다른 자산보다 상대적으로 안전하다는 점 때문일 것이다. 그래서 우리 주변에는 부동산에 높은 관심을 보이는 사람이 많다. 은퇴를 앞둔 중장년층은 말할 것도 없고, 가정을 꾸리고 살아가는 30~40대 역시 삶의 질을 결정하는 거주의 문제와 밀접하게 맞닿아 있는 부동산에서 관심을 거두지 못하고 있다. 경제신문에는 건설부동산부를 따로 두고 전국 부동산 시장이 돌아가는 소식을 다루며, 서점에서는 재테크 분야 여러 서적 중에서도 부동산을 다룬 책만 따로 빼낸 특별매대를 만들어 두기도 한다. 이뿐인가. 강남 지역의 개발에서 모티브를 따온 영화도 있다. 전임 대통령 중에는 서울 압구정동의 모 아파트 단지를 성공적으로 개발하고 그 일대를 부촌으로 만든(?) 기업가로서의 이미지를 적극 활용하셨던 분도 있다. 그렇다면 수많은 사람이 관심을 두고 있는 부동산은 정확히 어떤 것을 가리키는 걸까? 사전과 「민법」을 참고해 적어 보았다.

부동산: 不動産

토지 및 그 정착물. 토지와 그 위에 있는 건축물 및 토지에 자라고 있는 수목(입목)

그렇다. 부동산은 철저히 땅에 대한 이야기다. 대개는 땅 위에 사람들이 지은 건물(의 한 공간)을 사고팔고, 빌리는 계약을 맺지만 그 계약의 핵심은 땅에서 출발한다. 누군가 우스갯소리로 "건물주가 되고 싶다"고 말한다면 그것은 대지 몇 평방미터와 그 위에 올린 건축물의 소유주가 되고 싶다는 의미다. 알다시피 부동산 거래는 우리가 살아가는 이 땅의 가치를 어떻게 평가하느냐는 문제와도 밀접한 관계를 맺고 있다. 사람들이 살기 편하다고 하는 곳은 그렇지 못한 곳보다 비싸게 거래된다. 학창 시절에 자취를 위해 원룸 계약을 한 번이라도 해 본 독자라면 이 이야기가 무척 피부에 와닿을 것이다. 물이 따뜻하게 잘 나오면서 보안도 괜찮고, 집 주변이 조용하며 역에서도 멀지 않은 집은 저 네 가지 조건 중에 한두 가지 빠지는 집보다 월에 최소 5만 원 이상은 비쌌던 것처럼 말이다.

여기까지 쉽게 이해가 됐다면, 이 책을 구입했던 서점의 풍경을 아주 잠시라도 떠올려 보았으면 좋겠다. 분명 경영이나 경제 분야의 신간을 모아 둔 매대에서 당신은 부동산 투자의 비법을 알려주는 여러 책의 표지와 마주했을 것이다. 어떤 책은 '교통망을 모르면 안 된다'고 하고 또 다른 책은 '학군이 곧 부동산의 핵심'이라고 한다. 제법 두꺼운 책 하나는 투자자가 중점적으로 봐야 하는 다섯 가지 조건에 대해 설명하면서 '종합적 입지를 가려서 투자하라'고 한다. 책마다 논리를 전개하는 방식은 제각각이지만, 결국은 모두 어떤 땅이 가치가 있는가를 두고 이야기한다는 점은 놀랍게도 동일하다. 부동산은 곧 '땅'에 대한 평가이며, 그 땅의 가격을 좌우하는 결정적 요인은 이 모든 조건을 종합한 단어, '입지'에 달려 있다는 점을 그들도 모두 잘 알고 있기 때문이다.

부동산은 곧 '땅'에 대한 평가이며, 그 땅의 가격을 좌우하는 결정적 요인은 이 모든 조건을 종합한 단어, '입지'에 달려 있다.

부동산 가격, 집단지성의 결과물?

그렇다면 이 글을 읽고 있는 당신은 땅의 가치를 설명해 주는 수많은 요건을 모두 다 철저하게 계산해서 사고파는 것이 가능한 일인지에 대한 의문이 들 것이다. 우리가 인공지능을 탑재한 슈퍼컴퓨터도 아닌데 말이다. 그런데 적어도 서울을 비롯한 수도권의 부동산은 놀랍게도, 이 모든 조건을 종합적으로 고려한 가격에 거래되고 있다. A동보다 학군이 안 좋은 B동의 아파트는 세대 수가 A동의 단지보다 많은데도, 평당 가격이 몇 백만 원 저렴하다거나, 같은 동 내에서도 교통입지에 따라 전월세 가격은 물론 매매가격까지 미세하게 다르다. 특히나 호가가 아닌 실거래가를 보면 부동산에 적용되는 집단지성이 엄청난 수준이라는 생각이 드는데, 이는

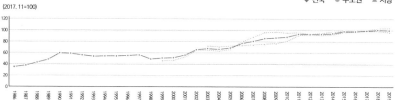

전국 주택가격 변동 추이(출처: e-나라지표)

매수인과 매도인 모두가 그 땅의 입지와 주변 입지 등 각종 정보를 모두 고려하여 쌍방 간 합의한 가격이기 때문이다. 어느 한 지역이 특별하게 뛰어오르면 곧 비슷한 조건의 주변 지역도 뒤따라 오르고, 서로의 가격을 엇비슷하게 맞추는 이른바 '키 맞추기'를 하게 된다. 집주인들 역시 시장 추이를 민감하게 바라보고 있기 때문에, 자신이 손해 보는 거래는 특수한 상황이 아닌 이상 성립되기 어렵다. 따라서 지역마다 부동산 가격이 오른 폭은 차이가 있을지 몰라도, 단 하나의 지역만 급상승하거나 폭락하는 시나리오는 현실 세계에서 찾아보기 힘들다.

실제로 부동산 시장의 호황은 강남(서울 강남구, 서초구 일대)에서 시작해 이들의 상승세가 옆 지역으로 확산하면서 불붙는 경우가 많다. 2016년 말부터 2018년 여름까지 이어진 부동산 가격의 상승 역시 서울 강남 일대를 중심으로 시작해 송파구로 번지고 강 건너 마용성(서울 마포구, 용산구, 성동구)을 지나 노도강(서울 노원구, 도봉구, 강북구)에서 그 흐름이 멈추는 양상을 보였다. 이 같은 흐름은 정부 규제와 같은 터닝포인트가 계기가 돼 상승세가 끊기기 전까지는 이어지는 것이 보통이다.

재테크 용어

매수우위지수

부동산 매매를 둘러싼 시장 분위기를 파악할 수 있는 지수로, KB국민은행이 일선 중개업소에서 체감하는 매도자와 매수자 비중을 조사해 작성하는 지표다. 매수우위지수가 100을 초과할수록 매수자가 많은 것을 의미하며 100 미만일 경우 매도자가 많은 상황이다.

전용면적/공용면적

전용면적은 실제 입주자가 독점해 사용하는 부분의 면적을 의미한다. 방과 거실, 주방, 화장실 등을 모두 포함한 넓이이며 실제로 사용하는 면적으로 이해하면 된다. 다른 사람들이 함께 이용하는 엘리베이터나 계단 등이 포함된 면적은 공용면적이다. 공용면적과 전용면적의 차이는 동일한 분양면적의 오피스텔과 아파트를 두고 비교하면 두드러진다. 통상 오피스텔은 전용률이 낮기 때문에 실제로 입주자가 사용하는 면적이 아파트보다 좁다.

다가구주택

여러 세대가 거주하고 있지만 소유주는 한 세대에만 사는 주택이다. 세입자별 독립된 주방과 화장실을 갖추고 있다. 3층 이하의 집에 여러 가구가 살고 있지만 집주인이 한 명이면 다가구주택에 속한다.

연립주택과 다세대주택

각 가구마다 다른 세대가 거주하며 각각 주택을 소유하고 있는 4층 이하의 주택이다. 연립주택은 마당과 정원 등이 있는 경우가 많다. 연면적 660제곱미터를 초과하는 규모일 경우 연립주택, 그보다 작을 경우에는 다세대주택이다.

단독주택

한 세대가 거주하는 1인 소유의 주택을 말한다.

도시형 생활주택

서민과 1인가구의 주거 안정을 위해 만들어진 주거 형태로 단지형 연립주택과 단지형 다세대주택, 원룸형 세 종류가 있다. 국민주택 규모의 300세대 미만으로 구성된다. '미니 아파트'로 이해하면 쉽다. 다만, 주차장 의무 설치 요건 등이 아파트에 비해 완화돼 있어 1세대 1주차가 어려운 경우가 많다. 오피스텔보다는 전용률이 높고 취득세율도 낮다.

오피스텔

업무시설을 주 용도로 하는 건물로, 낮에는 업무를 하되 저녁에는 개별실에서 숙식을 할 수 있도록 한 것이 특징이다. 「건축법」상 가구당 주택 수에 산입되지 않아, 1가구 1주택 혜택을 누리면서도 임대가 가능하다는 것이 장점이다.

아파트가 곧 부동산?
꼭 그런 것은 아니지만…

부동산에 대해 조금이라도 관심이 있는 독자라면 우리나라 부동산 관련 콘텐츠가 대부분 아파트에 대한 것이라는 사실을 이미 인지하고 있을 것이다. 신문 지면에 오르내리는 부동산 투자 대상 역시 아파트이며, 신혼부부부터 다자녀 가구까지 많은 이가 '로또 청약'을 기원하는 대상 역시 아파트다. 전국의 손꼽히는 자산가들이 시세차익을 노리며 진입하는 대상 역시 재건축을 앞둔 강남의 아파트들이다. '아파트 공화국'이라는 말이 허투루 들리지 않을 정도다.

공동주택의 한 양식을 일컫는 아파트는 지난 1960년대에 처음 등장하기 시작해 이제는 전국 어느 곳에서나 만날 수 있는 주거 형태가 되었다. 특히 토지계획에 따라 조성된 신도시는 일부러 타운하우스 같은 저층 공동주택 단지를 만들지 않는 이상, 대부분의 토지가 20~35층 수준의 아파트로 채워져 있어 다세대주택이나 단독주택 등이 곳곳에 섞여 있는 도시와 다르게 깔끔하고 정돈된 느낌을 주기도 한다. 하지만 한국에서 아파트가 여러 세대의 관심을 모으는 이유는 단순히 외관이 깨끗해서는 아니다. 아파트라는 주거형태가 대중적으로 인기를 얻고 있는 현 상황과 자산을 불리는 수단으로서 아주 높은 가치를 인정받았기 때문이라고 볼 수 있겠다. 그렇기 때문에 아파트 구입과 관련한 정부의 정책 결정이나 뉴스는 언제나 세간의 이목을 집중시키고 있다. 특히 아이를 키우는 가정, 혼자 사는 여성의 경우 안전상의 이유 등으로 다른 어떤 주거공간보다 아파트를 선호하는 경향이 뚜렷하다. 그렇다면 아파트는 정말 다른 주거공간에 비해 자산을 불리기에 좋은 수단일까? 답은 '그럴 때도, 아닐 때도 있다'. 아파트가 좀 더 대중적이기 때문에 매매가 다른 주택 유형에 비해 상대적으로 활발하고 가격 상승폭 역시 높은 편이지만, 일부 지역에서는 단독주택도 계속해서 오름세를 나타내고 있다.

전국의 주택 매매가격이 10개월 만에 상승 전환한 시점으로 꼽히는 2019년 9월로 돌아가 보자. 당시 한국감정원(한국부동산원)은 2019년 9월 전국 주택종합 매매가격은 0.01% 올라 2018년

11월 이후 처음으로 상승했다고 밝혔다. 오름세를 주도한 지역은 서울과 경기도 등이었는데, 특히 서울의 단독주택은 같은 해 8월 0.43% 상승에 이어 9월 0.42% 상승하며 강세를 이어 갔다. 반면, 2019년 9월 한 달간 서울 아파트값은 0.18% 오르는 데 그쳤다.

또 다른 자료를 보면 2014년 7월부터 2019년 9월까지 서울의 단독주택 매매가격은 단 한 번도 하락한 적이 없던 것으로 기록돼 있다. 그러나 동일한 기간 서울의 아파트 매매가격은 1.59% 하락했다. 물론 대부분의 경우 서울을 포함한 전국의 주택 매매 가격을 주도하는 주택 종류는 아파트이기는 하지만, 이처럼 단독주택이 각광받는 경우도 있다는 것을 보여 주는 사례다.

정부가 주로 아파트에 규제를 집중하고 있는 현실에서, 시중 유동자금이 단독주택으로 흘러가면서 이 같은 가격 오름세를 부추기는 모양새다. 재건축·재개발에 대한 인허가 문턱과 고가주택 보유세가 높아지고, 민간택지에 분양가상한제를 확대하면서 '믿을 것은 땅뿐'이라는 생각이 강해진다는 설명도 따라붙는다. 대신 단독주택에 투자할 경우 접해 있는 도로의 종류나 토지의 용도 등에 따라 미래 가치가 달라지기 때문에 면밀하게 골라야 한다.

반면, 다세대주택, 연립주택일 경우에는 대지지분이 상대적으로 적은 만큼 투자에 더욱 신중해야 한다. 이러한 주택들은 재개발,

재건축 구역 등 개발계획에 묶여 있지 않는 한 가치가 갑자기 크게 오를 가능성이 낮은 편이기 때문이다. 실제로 필자의 지인 A 씨는 2010년 서울 서초구 방배동의 전용 97제곱미터 빌라^{연립주택}를 3억 8,000만 원에 매수했다. 지하철역하고도 가깝고 도보 5분 거리에 초등학교도 있어서 여러모로 나쁘지 않은 위치라는 판단에서였다. 그러나 글로벌 금융위기의 여파가 길어지면서 A 씨의 집은 산 가격보다 오히려 15~20% 가까이 빠졌고, 2013년 말까지 겨우 매입가를 회복하는 수준으로 올라오는 데 그쳤다. 2022년 현재 이 연립주택의 가격은 9억 원 중반 정도. 만약에 A 씨가 보유하고 있던 현금과 매입 시기 등을 동일한 수준에 놓고, 인근 지역의 아파트를 구입했다면 결과는 달라졌을까? A 씨가 대출을 최대한 받을 수 있었다는 전제 아래 바로 앞 전용 102제곱미터 아파트를 8억 3,000만 원에 구입했다면, 2021년 초 19억 선에서 매도할 수 있을 것이다. 5억 원 가량의 주택담보대출을 일으켜 매매를 성사시켰다고 가정한다면, 이자를 부담하더라도 무리한 투자가 결과적으로는 이득이었다고 볼 수 있다. 물론 이 같은 비교는 가정인 데다 무리한 대출을 받아야 한다는 점에서 100% 좋은 투자라 할 수는 없다. 다만, 동일한 거주지 내에서라도 주택의 유형에 따라 자산의 가치가 크게 달라질 수 있다는 점은 확인할 수 있다.

그렇다면 부동산 가격을 결정짓는 조건으로 꼽히는 학군, 교통, 생활편의 등 여러 조건이 거의 유사한 곳에 있어도 빌라와 아파트는 왜 이처럼 가격이 오르는 폭이 다른 것일까? 이에 대한 답변은 이들 주택이 위치한 지역마다 약간은 다를 수 있겠지만, 기본적으로 아파트가 대중적으로 인기 있는 주거 형태라는 점을 우선 꼽을 수 있겠다. 필자가 만났던 다수의 공인중개사는 한결같이 아파트가 빌라, 다세대주택보다 거래하기에 상대적으로 편하다고 말했다. 개인 호불호에 따라 선호도가 크게 갈리는 다른 주거 형태와 달리, 아파트는 대다수 사람이 선호한다는 이야기도 들려주었다. 또한 공인중개사들은 아파트의 경우에도 유명한 시공사가 지은 곳일수록, 단지를 구성하고 있는 세대 수가 많을수록, 주상복합 형태보다는 주거 세대만 구성된 전통적 아파트 형태일수록 선호도가 높다고도 했다. 어쩌면 당연한 결과일지도 모른다. 세대 수가 많은 아파트, 즉 공동주택일수록 관리비를 분담하는 세대가 많아 저렴한 비용에 질 높은 관리 서비스를 받을 수 있다. 입주민을 위한 편의시설도 대단지일수록, 신축일수록 잘 갖춰져 있다. 그렇기에 매매는 물론 전월세로 거주를 원하는 이들도 많아 거래가 용이하고, 일정 수준 이하로 가격이 떨어질 확률도 낮아지게 된다. 거래가 활발한 편이기에 부동산치고는 환금성 역시 좋은 편이다.

그렇기에 수요와 공급이라는 두 축이 가격을 결정하는 부동산 시장에서 아파트는 다른 어떤 부동산보다 투자 우선순위에 올라가 있는 경우가 많다. 다만, 최근에는 서울과 수도권, 주요 광역시 핵심 지역에 괜찮은 아파트를 구입하기 위해서는 최소 3억 원에서 5억 원 이상(대출을 제외한 순수 투자 금액)이 필요한 상황이라 아파트를 향한 투자수요가 인근 단독주택이나 오피스텔, 토지 등으로 퍼져 나가는 모습도 보이고 있다. 특히 아이들을 다 키운 중장년 세대의 경우에는 학군에 대한 고민을 할 필요가 없는 경우가 많아 아파트를 구입하기보다는 주택 건축이 가능한 토지를 구입하고 건물을 올리는 방식을 선호하기도 한다. 월 임대료를 받을 수 있는 상가주택, 또는 좁은 대지면적을 십분 활용해 건축할 수 있는 협소주택 등이 그 대표적인 사례다.

주거문화를 바꾼 아파트의 역사, 대표 단지는 어디일까

특정 아파트 단지를 설명할 때 제일 먼저 언급되는 항목은 단지 규모를 가늠해 볼 수 있는 세대 수다. 이는 실거주는 물론, 투자처로 아파트를 고려하는 이들 모두에게 중요한 정보이기에 그렇다. 실거주 소비자는 해당 아파트 단지를 구성하고 있는 세대가 많을수록 편의시설이 잘 갖춰져 있어 선호하고, 투자자 역시 단지의 규모가 작은 곳보다는 큰 곳이 안정적인 거래가 가능하다는 점에서 선호한다.

그렇다면 우리나라에서 제일 먼저 등장한 대단지 아파트 단지는 어디였을까. 반세기를 거슬러 1960년대로 가 보자. 서울시 등 여러 자료를 살펴보면 서울 마포구 도화동에 건축된 '마포아파트'가 10개 동 642가구를 품을 수 있는 첫 대단지 아파트로 나온다. 이 아파트는 1961년 10월에 삽을 뜨기 시작해 1964년 11월에 공사를 마쳤다. 철근 콘크리트 구조의 건축물로서 입식 생활방식을 지향한 내부 구조가 높은 관심을 끌었다. 입주 당시에는 '연탄가스가 새어 나오는 것 아니냐'는 괴담이 돌 정도로, 아파트 생활에 익숙하지 않은 모습을 보였다는 기록도 있다. 지난 1994년 마포삼성아파트로 재건축됐다. 재건축 당시에도 이 아파트는 한국 역사상 첫 재건축 아파트로 이름을 올렸다.

'마포아파트' 이전에도 서울에는 몇 곳에 드문드문 5층 이상의 공동주택(「건축법」상 아파트를 규정하는 내용)이 존재했다. 첫 임대아파트로 활용되었던 충정아파트(1932년)를 비롯해 해방 이후 첫 아파트로 꼽히는 종암아파트(1958년) 등이 바로 그것이다. 다만, 이들 아파트는 현재 대부분 철거 후 새로운 아파트로 바뀌었거나 개발을 앞두고 있다.

부동산 시장은 심리전

전국적으로 '부동산 광풍'이 불어닥쳤던 2018년 상반기, 많은 사람은 얼굴만 마주하면 집값 이야기를 꺼내느라 정신이 없었다. 대형 포털 사이트의 한 부동산 카페에는 1일 접속자 수와 1일 게시물 수의 역대 기록을 갈아치울 정도로 많은 사람이 몰렸으며, 경제 신문뿐 아니라 종합지에서도 부동산을 주제로 연일 기사가 실렸다. '미친 듯이 뛰어오르는 집값', '자고 일어나니 1억 원이 올랐네', '지방에서 전화로 사재기하는 서울 부동산' 등 자극적인 제목을 내건 기사들이 신문을 받아 든 사람들을 고민하게 만들었다. 집을 소유하고 있는 사람이라면 '언제 팔고, 어떤 것을 사야 할까'라는 생각에, 무주택자는 '이러다가는 평생 내 집 한 칸 마련도 어렵겠다'

는 불안감에 밤잠을 설쳤다. 2015년 전후로 스멀스멀 회복되었던 부동산 시장의 폭발하는 매수세가 공론화된 시점이라고 할 수 있다. 또한 2018년 상반기는 정부가 부동산으로 흐르는 자금을 막기 위해 대출 규제를 시작한 시점이기도 하지만 고소득자에 대한 신용대출까지 틀어막은 2020년에 비하면 '사려고 마음먹을 경우' 부동산에 대한 추격 매수가 가능했던 시기였다. 그 때문에 매도자가 부르는 호가는 수천만 원 단위로 치솟았으며 심지어 일부 지역에서는 '사겠다'는 사람이 너무 많아 매도자가 집을 보여 주지 않은 상태에서도 초 단위로 계약금을 걸며 매수를 경쟁해야 하는 일도 있었다. 실제로 당시 신혼집을 구하던 지인은 집주인들이 전세보다는 매도를 원하는 탓에, 집 구경조차 제대로 하지 못하고 석 달 만에 기존보다 1억 5,000만 원가량 오른 집(59제곱미터) 전세 계약을 해야만 했다.

당시 시장이 단기간에 뜨겁게 달아올랐다는 신호는 서울뿐 아니라 전국 곳곳에서 포착됐다. 이 시기에 서울 주요 지역의 부동산을 방문하면, 계약을 파기하겠다는 매도자의 으름장에 집을 사려는 이들이 잔금을 치르는 자리에서 "제발 팔아 달라"며 몇 천을 더 얹기도 했다. 이 정도면 양반이었다. 지역 중소도시에는 유명 부동산 강사가 찍어 주는 땅을 사겠다며 버스를 타고 몰려든 이들도 있었다.

　필자 역시 이 시기 개인적으로 잊지 못할 경험을 했다. 2018년 1월, 우연히 방문했던 서울 용산구의 한 부동산에서는 공인중개사가 다급하게 매도자에게 전화를 걸어 "이렇게 계약 당일에 파기하면 배액배상을 해야 한다"고 약속대로 부동산에 와 달라 요청했지만, 결국 그 매도자는 우리 일행이 그 지역 아파트 물건에 대해 설명을 듣는 1시간이 지나도록 약속 장소에 나타나지 않았다. 그런 일을 직접 목격하니 부동산 시장에 쏠린 사람들의 관심이 어느 정도로 높은지 피부로 느껴졌다.

　바로 한 달 뒤에는 매수자의 입장에서 비슷한 일을 겪었다. 계약금을 입금했지만 매도자는 몇 천씩 뛰어오르는 집값에 필자와의 계약을 없던 셈 쳐 달라고 공인중개사에게 부탁했다. 그것도 한 번이 아닌 세 번이나 말을 바꿔 가면서 매도 의사를 번복했다. '피가 거꾸로 솟을 정도'로 화가 나는 일이었지만 매수자로서 손쓸 방법은 없었다. 자존심이 상하는 말이지만 상대에게 계약을 약속대로 이행하라는 외침은, '쩐'이 풍부할 때나 지를 수 있는 옵션이다. 필자가 송금한 계약금을 받은 매도자가 일주일가량 변심을 거듭하는 바람에 후보지로 물색했던 다른 집들마저 놓치게 되자, 그야말로 속이 새까맣게 타는 것 같았다.

주택의 소유권을 주고받는 매매 계약은 피도 눈물도 없이 살벌하다더니 정말 두 눈 멀쩡하게 뜨고 있어도 코를 칼로 베어 가는 일들이 이어졌다. 결국 내용증명과 몇 차례의 설전 등을 거쳐 매도자에게 계약을 파기한 책임을 물어 입금한 계약금에 대한 배액배상을 받았지만 한 달 가까이 이어진 '주택 매수 실패기'는 여전히 강렬한 기억으로 남아 있다. 일반적이지 않은 이 경험을 통해 부동산과 매매 계약에 대해 우격다짐으로 배운 것도 사실이다. 며칠간 피를 말려 가며 배웠던 것은 바로 '부동산(시장)은 철저하게 심리전이다'라는 점이다. 그렇기에 우리는 '산다'와 '판다'의 시점을 자신의 상황에 따라 잘 결정해야 할 필요가 있다. 만약 주택을 구입하려는 사람이라면 시장이 뜨겁게 달아오를 때보다는 차갑게 식어 가는 시점 즈음, 매수자로 나서는 것이 대접받는다. 거시적인 시장의 움직임을 파악하고 그에 맞춰 대응하고 싶다면 국토연구원(http://www.krihs.re.kr/)에서 매달 공개하는 부동산소비심리지수를 살펴보는 것이 좋다. 또한 민간 영역에서는 주기적으로 부동산 관련 통계를 제공하는 KB부동산(https://onland.kbstar.com/) 사이트를 챙겨 보며 관심 지역의 매매 동향을 확인할 수 있다. 가장 좋은 것은 관심이 가는 곳을 몇 군데 정해 두고 부동산을 주기적으로 다니며 현장의 목소리를 듣는 것이다.

국토연구원 홈페이지

100 이상=매수자 많음

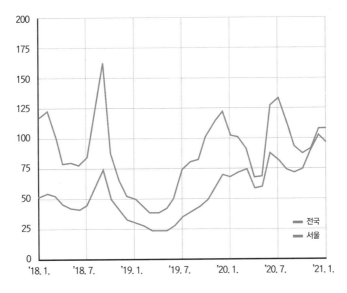

매수우위지수 추이(출처: KB국민은행)

그렇다면 부동산을 둘러싼 사람들의 심리는 왜 바뀌고 또 지역마다 편차가 발생하는 것일까? 기본적으로 부동산, 그중에서도 주택 거래는 수요와 공급이 가격을 좌우하는 핵심적인 요소다. 그래서 입지가 더 좋은 곳, 학군이 유명한 곳, 더블 역세권처럼 교통망이 잘 구축된 곳에 대한 사람들의 선호가 가격에 반영돼 있다. 구입하려는 물건이 상업용일 경우에는 주택시장과 또 다른 물결로 시장이 흘러간다. 그러나 재테크를 시작하는 수준에서 관심을 두는 주택의 경우는 실거주를 목적으로 하는 사람들의 수요가 어느 정도 있느냐에 따라 가격이 결정된다고 보면 무리가 없을 것 같다.

물론 수요와 공급이라는 거시적 측면에서 예상한 가격도 때때로 예측을 벗어나는 경우가 있다. 지난 수년간 우리 사회가 목격한 부동산 가격의 급상승 시기가 바로 그런 때다. 하지만 아니 땐 굴뚝에 연기가 나는 일은 거의 없다. 특정 지역의 호재나 공급되는 주택 물량의 감소 등 주택가격의 급상승으로 이어질 만한 신호는 지속적으로 쌓여 가고 있지만, 이 같은 상황을 정확히 모른 채 거래되는 가격만 보고 "왜 갑자기 이렇게 오르는 거지?"라고 생각할 수 있다는 이야기다. 최근에는 정부의 부동산 정책이라는 평범한 사람들이 함부로 예상할 수 없는 요인까지 더해져 시장을 예측하는 일이 더욱 어려워졌다.

매수 심리에 영향을 미치는 요인은 전문가들에 따라 의견이 나뉘기는 하지만, 통상적으로 시중에 풀려 있는 유동자금의 규모, 신축 단지의 입주 물량, 정부의 부동산 정책 등으로 꼽을 수 있다. 부동산 전문가들은 KB부동산 통계 등을 조사해 2018년 서울 지역의 매매 수급 상황이 부동산 가격이 펄펄 들끓었던 지난 2006년 10~11월 시기의 매수심리지수에 비견될 정도였다고 분석하기도 했다. 이는 곧 부동산이나 주택가격에 관심이 없던 사람들도 '집을 사자'고 외치는 상황이라는 의미다. 17세기 네덜란드에서 튤립의 알뿌리가 어마어마한 부를 가져다주는 것으로 알려지며 상류층은 물론이고 기술자와 농부에 이르기까지 모든 이가 튤립 알뿌리의 선물거래에 앞다퉈 돈을 넣었던 것처럼, 온 사회가 부동산에 들썩였다고 볼 수 있다.

국내 부동산 시장은 2020년과 2021년 '묻지 마 투자'를 한 차례 거친 후, 현재는 매수세가 크게 가라앉은 상태다. 문재인 정부 시절 대내외적 요인으로 폭등한 집값을 억누르기 위해 15억 원을 초과하는 고가 주택에 대한 주택담보대출을 원천 봉쇄하고, 다주택자에 대한 보유세를 강화하면서 시장 자체가 얼어붙었다.

부동산 시장이 후끈 달아올랐던 한때는 많은 이들이 정부가 서울과 경기도 일부에 대해 강력한 대출 규제를 시행하면, 그 규제에서 벗어난 지방(대기업의 시설 투자가 이뤄진 평택 지제나 천안, 아산 등이 대표적 사례)을 쫓아가 닥치는 대로 아파트나 오피스텔 등을 구입했다. 시장 전문가들은 이를 두고 상급지가 먼저 값이 오르면 그만큼 하급지의 값이 따라 가는 이른바 '키 맞추기' 장세가 펼쳐졌다고 분석했다.

그러나 2022년 6월을 기준으로, 한국의 부동산 시장은 몇 년 전과는 완전히 다른 양상이 보인다. 문재인 정부가 펼친 수요 억제 정책이 여전히 투자 심리를 옥죄는 가운데, 기준금리가 계속해서 올라 투자 자금 마련이 어려워진 상황이 그 이유다. 다주택자들은 보유세 부담이 큰 포트폴리오를 청산하고, 대신 상대적으로 가격 방어가 잘 되는 서울 강남권의 '똑똑한 한 채'를 구입하는 경향이 뚜렷해졌다.

일각에서는 윤석열 정부가 이전 정부가 묶어둔 대출 규제 등을 풀면 다시 과거처럼 매수세가 불붙을 것이라고 전망하기도 하지만, 금리가 연 2%대였던 시기와 최소 연 5%(연 7% 이상을 바라보는 이들도 많다)를 기록한 때의 투자 심리는 엄연히 다를 것이다. 그렇기에 무턱대고 주택을 구입하는 결정을 내리기보다 자신의 생애주기에 맞춰 투자하는 것이 더욱 중요해졌다.

다만, 여기서도 투자의 기본원칙을 기억할 필요가 있다. 사람들이 앞다투어 들어오려고 할 때 팔고, 시간이 흘러 사람들이 외면할 때 내 것으로 만들어야 이익을 볼 수 있다는 점이다. 흔히 말하는 '무릎에 사서 어깨에 팔아라', '장화 신고 들어가서 구두 신고 나와라(개발이 덜 된 지역에 투자하라)'라는 등의 투자 격언도 비슷한 맥락의 조언이다. 모두가 눈 뜨면 부동산에 대해 이야기하는 시기에는 오히려 주택이나 토지를 매도해야 하며, 더는 부동산으로 돈을 벌 수 없다는 불만이 팽배해 있을 때 좋은 조건의 물건을 매수해야 한다는 점을 기억해 두면 부동산을 통한 자산 불리기에 도움이 될 것이다.

폭락론 vs. 상승론, 누구 말이 맞아?

2020년 국정감사 기간에 발표된 한 자료에 따르면 39세 이하 가구가 서울특별시 내에 집 한 채를 마련하려면 15년간 자신이 번 돈을 한 푼도 쓰지 않고 모아야 한다고 한다. 이 자료에서 다루는 개념에 대해 좀 더 살펴보겠다. 지난 2016년부터 2020년까지 가구주 연령대별 서울 아파트 PIR은 2017년 6월 기준으로 11.0년에서 2019년 12월 기준 15.0년으로 증가했다. 서울의 부촌으로 꼽히는 강남, 서초구에 집 한 채를 마련하려면 아마 이보다 2배 이상의 기간이 걸릴지도 모른다.

한 가정이 연간 벌어들이는 소득과 집값을 비교한 이 수치는 부동산 시장의 상승 여력을 가늠할 때 자주 활용되는 수치이기도 하다. 흔히 가구소득대비 집값 비율로 풀어 설명하는 'PIR^Price to Income Ratio'은 전문가들이 현재 한국 주택가격의 미래를 예측할 때 자주 거론하는 데이터다. 재미있는 부분은 현재 서울을 포함한 한국의 집값이 국민 소득에 비해 많이 비싼 수준이라며 곧 폭락이 다가온다고 예상하는 이들도, 선진국이나 주변 국가의 부동산 가격을 비교하며 여전히 한국이 저렴한 편이라고 판단하는 이들도 모두 이 PIR을 주장의 근거로 삼는 경우가 많다. 데이터를 통해 산출한 결과는 동일한데 부동산 시장을 바라보는 시각이 극과 극으로 나뉘고 있는 것이다.

부동산 시장을 바라보는 양극단의 시선, 그것은 거칠게 '폭락론'과 '상승론'으로 나눌 수 있을 것이다. 앞으로 서울을 비롯한 한국의 부동산 가격이 폭락할 것이라고 내다보는 이들은 이 땅에 거주하는 사람들이 줄어들고 있다는 점에 초점을 맞추고 있다. 출산율 저하와 고령화로 한국 인구가 지속적으로 감소하고 있는데, 이는 곧 주택을 구입하려는 '가구 수'가 줄어드는 결과이고 부동산 시장에 대한 수요도 쪼그라들 것이라는 전망이다. 여기에 경제생산 인구가 감소하니 한국 경제의 성장률도 떨어질 것이라는 비관적 예측도 힘을 더하고 있다. 주택이나 빌딩, 토지 등의 가격이 뛰어오르려면 경기가 좋아야 하는데 그 기본적인 조건조차 맞추지 못할 것이라는 이야기다. 특히 일부 신도시에 분양 물량이 한번에 풀릴 때 뚝뚝 떨어지는 매매 및 전세가는 '폭락론'을 주장하는 이들이 자주 언급하는 사례다. "사 줄 사람이 없는데 이 높은 가격이 뒷받침될 수 있겠느냐?"라는 것이 이들의 핵심 주장이다. 『부동산 대폭락 시대가 온다』, 『선대인, 미친 부동산을 말하다』 등을 펴낸 선대인 선대인경제연구소장이 대표적인 폭락론자로 꼽힌다. 선대인 소장만큼 강경한 입장은 아니지만 인구 문제로 부동산 가격에 미치는 상승 압력이 확연하게 꺾이고 있으며 국민의 평균 소득을 감안하면 집값이 비싸다는 지적을 한 김수현 전 청와대 정책실장도 굳이 따지자면 '폭락론'에 비중을 싣고 있는 인물로 거론된다.

그렇다면 이들과 반대 지점에 서 있는 '상승론자'들은 누구일까. 부동산에 투자하라는 주장을 담은 책을 펴낸 저자들은 기본적으로 '점진적 우상향'을 판단한 이들이라 보면 된다. 그중에서도 최근 언론과 출판계에서 주목하고 있는 '여의도 학파', 즉 여의도 증권가 애널리스트들이 궁극적으로는 한국 부동산이 우상향으로 가게 될 것이라고 전망하는 이들이다. 특히 여의도 학파로 분류된 이들은 통계와 같은 데이터를 기반으로 부동산 시장을 분석하고 예측한 저서로 상당한 유명세를 탔다. 인구와 부동산 가격의 상관관계를 분석한 홍춘욱 리치고인베스트먼트 대표, 상승하는 부동산의 조건을 다섯 가지로 짚은 이상우 인베이드투자자문 대표, 그간의 폭락론에 반격하며 공급 절벽에 따른 집값과 임대료 상승을 예측한 채상욱 전 하나금융투자 연구원 등이 여기에 속한다(이들은 공통적으로 여러 권의 경제 및 부동산 저서를 출간한 저자이기도 하다).

이들은 기본적으로 자본주의 사회의 건전한 성장을 확신하는 증권가 애널리스트 출신이라는 점에서 부동산 역시 한국 경제가 발전함에 따라 함께 커 나갈 것이라고 내다보고 있다. 각론으로는 조금씩 다른 입장이지만, 기본적으로 부동산을 구입 또는 이용하는 수요가 2030년까지는 증가한다는 점(수요 증가), 적어도 앞으로 1~2년간 저금리가 지속되며 유동성 확대 국면이 유지될 것이라는 점(시중의 유동자금 증가), 서울의 주택 공급은 한정적으로 증가해 수요를 충족할 수 없다는 점(공급 축소) 등이 그들의 상승론을 뒷받침하는 근거다. 독자들에게 어느 한쪽의 의견을 따르라고는 말하지 않겠다. 다만, 부동산 시장을 분석하는 능력을 기르기 위해서는 양쪽의 의견을 모두 다 면밀하게 살펴볼 필요가 있다.

부동산 중에서도 주택은 결국 '행복하게 살기 위한 공간'이다. 그렇기에 이 책을 읽는 독자가 자신의 인생 주기를 살펴보았을 때, 실거주하고 싶은 주택이 눈에 띄었다면 진지하게 매수를 검토하는 것이 바람직하다. 그 주택이 몇 년 안에 얼마나 오를 것인가는 그

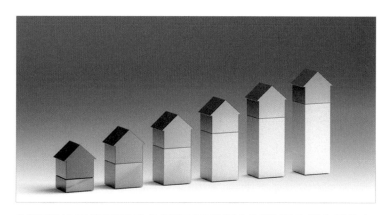

자신의 인생 주기를 살펴보았을 때, 실거주하고 싶은 주택이 눈에 띄었다면 진지하게 매수를 검토하는 것이 바람직하다.

다음의 문제다. 물론 자금 조달 여력이 된다면 전월세보다는 매수로 가는 것을 추천하고 향후 공급물량 소화가 어려운 지역을 피해 매물을 살펴보는 것이 좋겠다는 두루뭉술한 의견도 주제넘게 덧붙여 본다.

그 무엇보다 무거운 '정책'의 무게

• 최경환 경제부총리 내정자가 가계부채 관리를 위한 핵심 수단인 주택담보인정비율^{LTV}과 총부채상환비율^{DTI} 규제 완화를 시사해 논란이 되고 있다. 최 내정자는 지난 13일 기자들과 만나 LTV 등 부동산 규제에 대해 "지금은 부동산이 불티나게 팔리고 프리미엄이 붙던 '한여름'이 아니고 '한겨울'"이라며 "한여름 옷을 한겨울에 입으면 감기 걸려 죽지 않겠나."라고 말했다. LTV·DTI는 부동산 경기가 좋을 때에 적합한 규제이고, 지금은 시장이 침체된 만큼 이를 풀어 시장을 살려야 한다는 취지다.

(2014년 6월, ○○신문)

• 서울의 집값이 급등하는 등 부동산 시장은 요동쳤다. 정부는

하늘 높은 줄 모르는 집값을 잡기 위해 지난해 6월부터 크고 작은 대책을 10번이나 쏟아 냈다. 대책을 발표할 때마다 집값이 계속 오르는 기현상이 벌어졌다. (2018년 12월, ○○신문)

• 10월 투기과열지구 내 민간택지 분양가상한제 시행을 앞두고 부동산 시장이 요동치고 있다. 정부는 치솟는 집값을 잡겠다며 상한제 카드를 꺼내 들었지만 정책 발표와 동시에 서울의 신축 아파트의 가격이 오르고 있다. (2019년 9월, ○○신문)

　부동산 투자는 곧 정책을 읽는 것에서 시작한다고 해도 과언이 아니다. 땅이라는 특수한 자산에 대한 것이고, 또 많은 국민의 주거와 밀접하게 연결돼 있기에 부동산은 정책과 떨어지려야 떨어질 수 없는 관계였다. 그렇기 때문에 수많은 부동산 전문 투자자는 정책의 방향을 가늠하는 것에서부터 지금이 투자 적기인지 아닌지를 따지고 매도, 매수 타이밍을 예측해 왔다. 앞서 예로 든 기사들을 보면 4~5년이라는 시차를 두고 부동산에 대한 정부 정책이 어떻게 변화하고 있는지 느낄 수 있게 해 준다. 지난 2014년은 금융위기에 부동산 경기가 심각하게 침체돼 당시 서울 강남권 아파트를 사려는 사람들도 별로 없던 시기다. 지금은 평당 1억 원을 바라보는 단지들이 그때만 해도 '미분양' 이야기가 돌던, 매수자 우위의

시장이었다. 그래서 정부는 대출 조건을 대폭 완화했다. 무주택이든 다주택이든 집을 사기 위해 은행 대출을 잘 이용하라는 신호를 강력하게 내보냈다. 그 때문에 최경환 경제부총리가 부동산 시장 활성화를 포함한 경제정책을 발표하자 언론은 '빚을 내서 집을 사란 말이냐'는 투로 비판하기도 했다. 하지만 그로부터 5년이 지난 후 이야기는 180도 달라졌다. 부동산 시장이 '충분히' 과열됐다고 판단한 정부는 급변했다. 한껏 풀려 있던 부동산 관련 대출은 점차 조여지기 시작했다. 집 한 채를 구입할 때 과거에는 최대 80%까지 은행 대출금을 차입해 살 수 있었다면 이제는 40%까지 그 비율이 낮아졌다. 9억 원이 넘는 아파트를 한 채 사려면 적어도 수중에 5억 원은 갖고 있어야 거래가 성사된다는 이야기다. 정부의 태세 전환을 앞서 읽어 낸 이들은 이득을 보았고 그렇지 못한 이들은 '내 집 마련의 꿈'을 무한정 미뤄야 하는 상황이 됐다.

지금도 일부 부동산 전문가들은 '집값이 좀 더 오를 수 있다'며 추가적인 상승을 전망하고 있다. 물론 이들이 상승할 거라 짚은 곳은 주거 수요가 높은 서울 강남권의 초고가 아파트 등으로 일반적인 사례는 아니다. 대다수 부동산 전문가들은 2022년 5월 10일 막을 올린 윤석열 정부의 입을 주목하고 있다. 새 정부가 주택 대출 규제를 어떤 방식으로 바꾸느냐에 따라 시장의 향방이 크게 달라질 수 있기 때문이다. 윤 대통령 취임 초기인 현 시점에서 시장은 '관망' 그 자체다. 시세보다 수억 원 낮춰 파는 급매만 간혹 거래가 체결될 뿐, 2017년~2020년의 강력한 매수세는 찾아보기 어렵다. 새 정부의 부동산 정책이 아직 확정되지 않았기에 무주택자이거나 가족의 진학이나 이직 등으로 무조건 거주지를 옮겨야 하는 경우가 아닌 이상, 잠시 시장 흐름과 맞춰 숨 고르기를 하는 것도 나쁘지 않다고 본다.

때문에 많은 부동산 전문가는 정부의 정책에 따라 가격이 조금이라도 더 오를 가능성을 배제할 수 없는 만큼 무주택자의 경우 가점을 따져 50점 후반~60점 초반이면 주요 입지의 청약 당첨을 노리고, 아닐 경우에는 실거주 조건을 충분히 고려해 선택하라는 조언을 내놓고 있다. 아울러 필자 역시 무주택자인 독자라면 자신이 감당할 수 있는 선에서 대출을 최대한 활용해 자신과 가족이 만족할 수 있는 곳을 매수하는 것을 추천한다. 아울러 이 같은 판단은 2020년 주택임대차법 개정 이후 급격하게 가격이 오르고 불안정해진 전세시장에서 거주 안정성을 고려한 것이다. 또한 만약 서울을 포함한 주요 지역의 집값이 폭락하거나 하락할 것이라고 판단하는 무주택 독자라면 '떨어지는 칼날'처럼 집값이 낙하할 때를 대비해 반전세로 몸을 가볍게 해 두는 것도 방법일 것이다. 상대적으로 금액이 큰 전세로 거주지를 묶어 두면 정작 시장이 크게 요동칠 때 기회를 잡을 수 없기 때문이다. 다만, 이 방법은 주거비용의 상승을 감내해야 하는 베팅이라는 점에서 오롯이 독자의 미래 예측과 판단에 맡겨야 할 부분이다.

최근 2~3년 사이에 주택을 구입한 1주택자라면 '떨어지든 올라가든' 그저 나와 내 가족이 몸을 누일 집을 마련했다는 사실을 기억하고 크게 스트레스를 받지 않았으면 좋겠다. 어차피 내가 등기를 친 이후의 호가와 실거래가는 남의 떡이다. 설령 집값이 오른다고 해도 그것은 사이버머니일 뿐 내 삶은 크게 달라지지 않는다. 그저 잠자리에 들 때 기분이 좋아지는 정도라고 생각하면 된

단위: 조 원, 괄호 안은 전년 대비 증가액. 연말 기준

가계신용 잔액 증가 추이(출처: 한국은행)

다. 양도세 비과세를 위한 실거주 2년 요건을 채워 가며 절세의 시간을 축적한 뒤 그 다음번 매수를 어디로 어떻게 할지 고민하는 방법도 나쁘지 않다. (일부 전문가들은 당장 사야 할 물건이 있다면 '실거주 2년'에 너무 묶일 필요는 없다고 조언하기도 한다. 자신의 자산 확장 계획에 따라 판단하는 것이 좋을 듯하다.) 또한 익숙한 동일 지역 내에서 대장 아파트로 가거나 동일 단지 내에서 대형 평형으로 갈아타는 것, 재개발 구역의 신축 입주권(뚜껑)을 잡는 것 등도 불확실성이 높은 현 시점 추천하는 방법이다. 다주택자인 독자라면 이미 고수의 경지에 다다른 만큼 실거주 요건 등 절세에 집중하고 포트폴리오를 상급지 위주로 정리하는 것도 추천된다.

유념해야 할 정부 부동산 정책

정부는 앞으로 부동산 정책을 어떻게 펼쳐 나갈까. 정책이 현재 국내 부동산 시장을 좌우하는 강력한 변수로 영향을 미치는 한, 미래 전망을 위해서는 정책을 꼼꼼히 따져 볼 수밖에 없다. 특히나 정책은 정부의 철학을 반영하는 것이기에 흐름을 읽는 것이 중요하다. 문재인 행정부는 '투기 수요 근절, 맞춤형 대책, 실수요자 보호'라는 3대 원칙 아래 크고 작은 부동산 관련 정책을 발표해 왔다. 세부적인 내용은 다를 수 있지만 큰 틀에서 이 기조는 바뀌지 않았다.

신호탄은 조정지정대상지역을 추가한 2017년의 6·19 대책이었다. 이듬해 1월 재건축 초과이익 환수제 부활을 시작으로 4월 다주택자의 양도소득세 중과, 7월 종합부동산세 개편, 8월 수도권 주택공급 확대 및 투기지역 추가지정, 다주택자 대출 규제 등 고강도 규제를 담은 9·13 대책, 수도권 30만 가구 공공택지 추가공급을 담은 9·21 대책까지 정부는 2018년 한 해에만도 여러 정책을 펼치며 정책 철학을 유지하려 애써 왔다. 한국개발연구원^{KDI}이 공개한 경제정책 시계열서비스에 따르면 문재인 행정부 출범 이후 내놓은 토지와 주택시장 관련 정책은 25건이고, 세간의 관심이 쏠리는 주택시장 관련 정책은 10여 건이다.

2017년 6·19 대책과 8·2 대책, 2018년 9·13 대책, 2019년 12·16 대책, 2020년 8·4 대책……. 신문이나 방송에서 한 번쯤은 접했을 용어다. 암구호처럼 들리는 이 용어들은 문재인 대통령 취임 이후 여러 번에 걸쳐 발표한 부동산 대책을 시기와 내용에 따라 구분하고 있다. 간단히 살펴보면 6·19 대책은 조정대상지역의 분양권 전매금지를 중심으로 한 청약시장에 대한 정책이 주를 이뤘다. 이후에 나온 8·2 대책은 부동산 투기 수요를 억제하기 위해 세제와 금융, 청약제도 전반을 손보았다. 2012년 이후 사라졌던 투기과열지구와 투기지역을 재지정했고 다주택자에 대해서는 양도세 가산세와 장기보유특별공제 배제 등의 방법을 통해 부동산 투자로 얻을 수 있는 기대수익률을 크게 낮췄다. 이듬해 발표한 9·13 대책은 강도 높은 대출 규제를 중심으로 다주택자의 대출을 차단하고 보유세를 인상하는 정책에 힘을 쏟았다. 마치 생물같이 가격이 변동하는 부동산 시장은 이 정책들에 따라 상승세가 주춤하기도 하고 급격하게 차가워지기도 했다.

• 8·2 부동산 대책 핵심 내용

투기과열지구, 투기지역 지정	• 서울·과천·세종시를 투기과열지구로 지정 • 서울 강남 등 11개 구와 세종시를 투기지역으로 별도 지정
재건축, 재개발 규제 강화	• 재건축 초과이익 환수제 시행. 투기과열지구 내 재건축 조합원 지위양도 금지 • 투기과열지구 내 재개발 조합원 입주권 전매제한
양도세 강화	• 2주택 이상 양도세 중과(조정대상지역) • 양도세 비과세 요건 '2년 거주'로 변경 • 분양권 전매 시 양도세 강화(조정대상지역)
대출 규제 강화	• 주택담보대출 '가구당 1건'으로 제한(투기지역) • LTV, DTI 40%로 강화
청약제도 개편	• 1순위 자격 통장보유 2년으로 강화(조정대상지역) • 청약가점제 적용 비율 확대(조정대상지역)

• 9·13 부동산 종합대책 핵심 내용

종합부동산세 상향	• 종부세율 인상 적용 과표 6억 원 이하로 확대(과표 3~6억 원 구간 신설) • 3주택자 이상, 조정대상지역 2주택 이상 보유자에 종부세 최고 3.2% 중과 • 공정시장가액비율 추가 상향
양도소득세 강화	• 조정대상지역 일시적 2주택자에 대한 양도세 면제요건 현행 3년에서 2년 내 처분으로 강화
주택담보대출 규제 강화	• 2주택 이상 세대의 규제지역 내 주택 구입, 규제지역 내 비거주 목적 고가주택 구입에 주택담보대출 금지
전세자금대출 제한	• 1주택자의 부부합산 소득 1억 원 초과 보증 금지

• 12·16 부동산 대책 핵심 내용

주택담보대출	• 시가 9억 원 초과 주택 LTV 강화 • 시가 15억 원 초과 초고가 아파트 주택담보대출 금지
종합부동산세 상향	• 3주택 이상 종합부동산세 세부담 상한
양도소득세 강화	• 1세대 1주택자 장기보유특별공제에 거주기준 요건 추가 • 2년 이상 거주자에 한해 1주택자 장특공제 적용 • 일시적 2주택 전입요건 추가 및 중복보유 허용기간 단축 • 2년 미만 보유 주택 양도세율 인상
전세자금대출 제한	• 전세대출 이용한 갭투자 방지

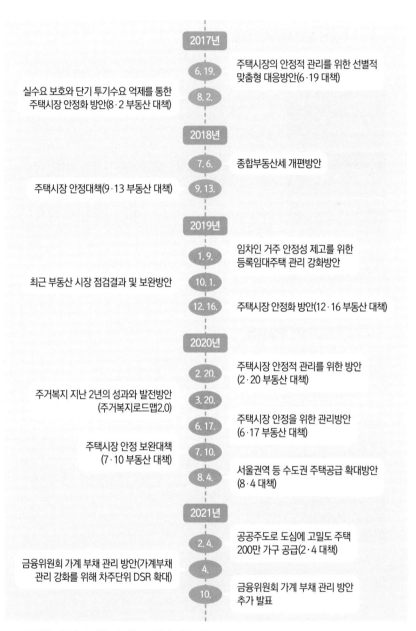

2017년

6. 19. 주택시장의 안정적 관리를 위한 선별적 맞춤형 대응방안(6·19 대책)

실수요 보호와 단기 투기수요 억제를 통한 주택시장 안정화 방안(8·2 부동산 대책)
8. 2.

2018년

7. 6. 종합부동산세 개편방안

주택시장 안정대책(9·13 부동산 대책)
9. 13.

2019년

1. 9. 임차인 거주 안정성 제고를 위한 등록임대주택 관리 강화방안

최근 부동산 시장 점검결과 및 보완방안
10. 1.

12. 16. 주택시장 안정화 방안(12·16 부동산 대책)

2020년

2. 20. 주택시장 안정적 관리를 위한 방안 (2·20 부동산 대책)

주거복지 지난 2년의 성과와 발전방안 (주거복지로드맵2.0)
3. 20.

6. 17. 주택시장 안정을 위한 관리방안 (6·17 부동산 대책)

주택시장 안정 보완대책 (7·10 부동산 대책)
7. 10.

8. 4. 서울권역 등 수도권 주택공급 확대방안 (8·4 대책)

2021년

2. 4. 공공주도로 도심에 고밀도 주택 200만 가구 공급(2·4 대책)

금융위원회 가계 부채 관리 방안(가계부채 관리 강화를 위해 차주단위 DSR 확대)
4.

10. 금융위원회 가계 부채 관리 방안 추가 발표

문재인 정부 출범 이후 발표한 주택시장 관련 정책

부동산 전문가들은 공통적으로 '정책에 반₮하지 말라'는 메시지를 던진다. 정부의 정책 발표에 따라 부동산 시장이 얼어붙을 수도 있고 반대로 활활 타오를 수도 있다는 이유에서다. 신도시 계획과 같은 사회간접자본^{SOC}에 대한 투자는 물론, 대출 규제, 세금 등 모두가 정부가 이끌고자 하는 방향으로 키를 잡고 틀 수 있는 분야라는 점도 염두에 둬야 할 것이다. 그렇기에 부동산 투자는 무엇보다 정부의 정책을 잘 읽어 내는 것에서 출발해야 한다. 물론 '빚내서 집 사세요'라고 했던 정부 고위 인사의 멘트를 듣고도 가진 돈이 없어서 실행에 옮기지 못한 필자가 말하기에는 부끄러운 대목이지만 말이다.

전 세계를 강타한 신종 코로나바이러스감염증-19코로나19의 여파를 최소화하고 경기 악화를 막기 위해 정부는 평소보다 더 많은 돈을 풀었다. 그럼에도 정부 정책 결정에 영향을 미치는 이들의 발언을 살펴보면 이 자금이 부동산 시장으로 흘러들어와 집값이 폭등하는 상황만큼은 필사적으로 막겠다는 입장이 뚜렷하게 읽힌다.

● (투자처를 찾지 못한 부동자금) 1,000조 원 중에 아주 일부라도 다시 부동산으로 몰리면 부동산 가격의 폭등이 예상된다. 당정 간 이 문제를 예의주시하고 있다. 반등 기미가 조금이라도 보이

면 추가대책을 통해 더는 부동산으로 돈을 벌겠다는 생각을 하지 못하도록, 부동산이 자산이 되는 나라를 만들지 않도록 하겠다. (2019년 6월 13일, 이원욱 민주당 원내수석 부대표)

• 아파트는 누군가에게 상품이 될 수 있지만 누군가에게는 한 몸을 뉘어 생활하는 곳이다. 앞으로도 부동산 시장 안정을 추구해 나가겠다. (2019년 6월 13일, 김현미 국토교통부 장관)

• 서민들에게는 소득에 비해 집값이 여전히 높다는 어려움이 있기 때문에 주거복지정책을 포함해 집값 안정 대책을 지속적으로 추진하겠다. (2019년 1월 20일, 김수현 청와대 정책실장)

• 그동안 정부가 집값 안정을 위해 대출 규제와 세제·공급 대책을 마련했고, 국회에서도 임대차 3법 등이 모두 통과됐다. 세제·금융·공급·임차인 보호 등 완성된 4대 정책 패키지가 작동하기 시작하면서 주택시장 가격 상승률도 점점 둔화하고 있는 것이 사실이다. (2020년 8월 25일, 노영민 청와대 비서실장)

• 최근 시장에서는 갭투자가 줄어들고 있고, 법인 등이 가진 물건이 매매로 많이 나오고 있는 것을 확인할 수 있다. (2020년 8월 25일, 김현미 국토교통부 장관)

※발언한 인물의 직책은 발표 당시를 기준으로 표기함.

반면 2022년 취임한 윤석열 대통령은 내 집 마련을 원하는 국민의 열망을 억누르지는 않겠다는 방침이다. 시장의 수요공급에 따라 집값의 부침은 있을 수밖에 없다는 판단이다. 따라서 문재인 정부가 펼쳤던 강력한 대출규제나 보유세는 다소 완화될 가능성이 높다.

　다만 2022년 6월 초를 기준으로 윤석열 정부의 부동산 정책은 전국에 주택 250만 가구를 공급하는 것, 분당과 일산 등 1기 신도시를 재정비하겠다는 것, 청년과 신혼부부를 위한 역세권 첫집 및 원가주택을 적극 공급하겠다는 큰 틀만 정해져 있다. 따라서 투자자는 시장 흐름에 맞춰 시시각각 변화하는 정부 정책에 귀를 기울여야겠다.

• 윤석열 정부의 주거 정책(대통령 선거 공약집 기준)

임기 내 수도권 130만 가구를 포함해 총 250만 가구 공급	• 재건축재개발 촉진정책으로 공급 확대(47만 가구) • 도심 역세권 복합개발(20만 가구) • 국공유지와 차량기지 복합개발(18만 가구) • 소규모 정비사업 촉진(10만 가구) • 3기 신도시 포함 공공택지 개발(142만 가구) • 매입약정 민간개발 등 기타(13만 가구)
1기 신도시 재정비 공약	• 경기도 분당, 일산, 평촌, 산본, 중동 등 1990년대 초반에 세워진 수도권 5개 신도시에 대한 재정비 추진 • 1기 신도시 재정비사업 촉진을 위한 특별법을 제정할 방침. 특별법에는 인허가 절차를 줄이고 재건축 초과이익환수제를 완화하며, 용적률 상향조정을 담을 것으로 알려져.

※1기 신도시 재정비 공약은 여당인 국민의힘뿐 아니라 제1야당인 더불어민주당도 필요성을 공감하고 있는 만큼, 국회 특별법 제정 가능성이 높은 상태. 다만 2022년 6월 1일 지방선거에서 더불어민주당의 김동연 경기도지사가 선출돼 중앙정부와 지방정부의 협업이 어떤 방식으로 전개될지 미지수.

주택 매수 방법,
어떤 것이 효과적일까?

지금까지는 아파트를 포함한 주택을 매수할 때 고려해야 할 여러 요건에 대해 살펴보았다. 부동산의 사전적 의미부터 정부 정책 및 경제 상황과 엮여 움직이는 부동산 시장의 흐름까지 주시할 필요가 있다는 점은 앞서도 강조했다. 여기에 자신과 가족의 라이프스타일에 맞춰 매수 결정을 하면 더없이 좋을 것이다. 주택 구입에 필요한 금액은 최소 수억 원에서 수십억 원을 넘나들기 때문에 거래 방법을 어떤 것으로 선택하느냐에 따라서도 비용을 크게 줄일 수 있다. 여러 방법 가운데 가장 보편화된 수단은 공인중개사를 통한 거래다. 구입을 원하는 지역의 공인중개소에 가서 현재 시장에 나와 있는 매물을 보여 달라고 요청하는 방법이다. 매수 대상은 일반 주택과 분양권, 입주권 등이 있다. 요즘은 호갱노노나 직방, 네이버 부동산 등 다양한 부동산 애플리케이션이 개발돼 있어 발품을 팔기 전에 먼저 가격과 평형 등을 검색한 뒤 지역과 물건을 추린 후 공인중개사를 만나는 방식이 대세다. 전통적 부동산 거래 방법과 IT 기술이 결합된 방법이며 시장 흐름에 민감한 만큼, 어떤 타이밍에 매수와 매도 결정을 내리느냐에 따라 개인이 부담해야 할 리스크가 존재한다. 너무나도 잘 알려져 있는 만큼 여기서는 크게 다루지 않겠다.

분양권이란 준공 이후에 아파트에 입주할 수 있는 권리를 의미한다. 분양권을 매수할 때는 명의자가 해당 아파트를 분양받은 사람 본인인지 조합에 확인해야 하며, 중도금 연체 여부를 점검해야 한다. 분양권을 매도하는 측이 중도금을 연체하고 있는 중이라면 명의 변경에 대한 승인이 제대로 되지 않을 가능성이 있다. 또한 계약금이나 중도금이 은행을 통해 정상적으로 납부됐는지도 확인해야 한다. 미납인 상태에서 시공사가 부도나는 만일의 사태가 발생하면 분양권을 보증받지 못할 수 있다. 또한 분양권에 압류나 가압류, 가처분 등 법적인 제한이 걸려 있는지 확인해야 한다.

반면, 입주권은 재건축이나 재개발 사업으로 기존 주택이 멸실되고 새롭게 지어지는 주택에 입주할 수 있는 권리를 뜻한다. 따라서 입주권은 재건축, 재개발 조합원이 보유하고 있는 권리이며 분양권은 조합원이 아닌 일반 주택청약 분양자도 확보할 수 있는 권리로 이해하면 된다. 입주권 거래 시 주의해야 할 점은 분양권 거래와 크게 다르지 않다. 다만, 서울은 2017년 하반기부터 분양권 전매가 금지되었으며 2020년 9월부터는 5대 지방광역시와 수도권 대부분의 지역에서도 분양권 전매가 막힌 상태다.

또 하나의 주택 마련 방법은 청약이다. 청약은 새롭게 지은 아파트 단지를 비교적 적은 투자금으로 손에 넣을 수 있다는 점에서 많은 이에게 주목받고 있다. 또한 평형이나 분양가 등의 일정 요건을 충족하면 시공사의 집단대출도 가능해 대출받기 어려운 요즘, 더욱 인기가 높다. 그렇기에 청약은 당첨되기가 힘들다. 온전히 본인의 운으로 주택을 갖는 추첨제가 서울과 수도권 지역에서 대부분 사라지고, 통장 가입 기간과 무주택 기간, 부양가족 수 등을 합산해 나온 점수대로 줄 서서 당락이 가려지는 가점제가 도입된 이후부터는 청약에 매달리는 나이대도 정해져 버렸다. 무주택 기간이 상대적으로 짧은 20대와 30대는 일찍 결혼해서 아이가 여럿이 아닌 이상, 청약 전쟁에서 승리를 기대하기가 솔직히 쉽지 않다.

'청약 로또', '청약 광풍'이라는 말이 낯설지 않은 2022년 3월 말 기준으로 주택청약종합저축 등 청약통장에 가입한 사람은 2,848만

명으로 우리나라 전체 인구수인 5,162만 명의 과반을 훌쩍 넘는
다. 아이가 태어나면 주택청약종합저축을 가입하는 것이 관행처럼
되어 버린 지금, 많은 사람은 청약을 통해 좋은 입지의 주택을 시
세보다 저렴하게 얻기를 원한다. 청약에 대한 사람들의 강력한 열
망은 2020년 11월에 계산한 서울 아파트 1순위 청약의 평균 경
쟁률에서도 확인할 수 있다. 평균 71.0 대 1로, 이는 2019년 경쟁
률(31.6 대 1)의 2배가 넘는 수치다. 경기와 인천은 같은 기간 31.4
대 1을 기록, 지난해 경쟁률보다 3배 가까이 뛰었다.

그렇다면 이 주택청약은 어떻게 접근하면 좋을까? 우선, 주택
청약을 할 수 있는 기본 조건인 통장에 가입해야 한다. 매달 최소 2
만 원씩 납입하며 가입기간과 예치금, 납입 회차 등에 따라서 1순
위와 2순위로 나뉜다. 1순위는 2순위보다 당첨확률이 높다. 또 서
울이나 수도권에서 진행되는 청약은 사실상 1순위 간의 치열한 전
쟁이라고 보면 된다. 아울러 주택을 공급하는 주체가 공공이냐 민
영이냐에 따라 국민주택과 민영주택 청약이 나뉜다. 국민주택청약
의 경우 수도권을 기준으로 가입기간이 1년 이상, 12회 이상 납입
하면 1순위가 된다. 수도권 외 지역은 가입기간 6개월 이상에 납입
횟수가 6회 이상이면 1순위로 올라간다. 민영주택청약은 회당 납
입한 금액보다 가입기간, 예치금 기준을 충족하면 1순위 청약이

가능해진다. 청약가능 전용면적에 따라 최소 납입해야 하는 금액이 달라지며, 지역별로도 세분화되어 있다. 서울과 부산은 $85m^2$ 이하의 경우에는 300만 원, $102m^2$ 이하는 600만 원, $135m^2$ 이하는 1,000만 원 이상 납입돼 있어야 한다. 1,500만 원을 넣어 두면 모든 면적의 주택청약이 가능하다. 기타 광역시는 각각 250만 원과 400만 원, 700만 원으로 기준이 낮아진다.

청약을 넣고 싶은 지역이 어디냐에 따라서 추가적인 조건을 충족해야 한다. 조정대상지역 또는 투기과열지구의 주택에 청약을 신청하기 위해서는 신청자가 무주택 세대주여야 하며 세대주와 구성원이 5년 이내 다른 주택에 당첨된 적이 없어야 한다. 아울러 재건축 분양권도 신축 입주권으로 계산되기 때문에 세대 구성원의 주택 보유 상태를 꼼꼼하게 점검해야 할 필요가 있다. 또한 청약통장 가입기간도 최소 2년 이상이어야 하며 납입횟수 24회 이상, 해당지역 1년 이상 거주해야만 1순위가 된다. 1순위가 되었다고 해서 당첨되는 것은 물론 아니다. 민영주택일 경우에는 치열한 가점 경쟁에서 살아남아야만 원하는 주택을 청약받을 기회가 주어진다. 국민주택의 경우에는 납입횟수나 납입금액을 기준으로 당락을 가른다.

• 청약통장 종류

	만능통장	85㎡ 이하 국민주택	모든 면적 민영주택	85㎡ 이하 민영주택
	주택청약종합저축	청약저축	청약예금	청약부금
대상	연령, 자격제한 없음	무주택	19세 이상(유주택 가능)	
저축액	월 2~50만 원	월 2~10만 원	200~1,500만 원	월 5~50만 원
국민주택 등 (민간시설 중형 국민주택 제외)	○	○	-	-
민간건설 중형국민주택	○	○	○	○
민영주택	○	-	○	○

이 가점제는 민영주택청약의 경우에 해당하며, 무주택 기간 (32점), 부양가족 수(35점), 청약통장 가입기간(17점)을 기준으로 만점 84점 중 해당하는 점수만큼 다른 청약 신청자들과 겨루게 된다. 인기가 높은 주택은 1점 차이에도 당락이 나뉘기 때문에 주택 평형을 분석해서 타입별로 청약을 넣는 것을 추천한다. 특히 한국인의 선호도가 높은 판상형보다 타워형 주택이 이변이 없는 한 상대적으로 최종 낙첨자의 가점이 낮은 편이며 아파트의 동 배치와 층수도 신청자들의 눈치게임에 상당한 영향을 주는 만큼, 신청 전에 단지 배치도와 분양 물량에 대한 설명을 숙지하면 좋다.

주택을 구입할 때 경매를 활용하는 이들도 있다. 경매는 낙찰 →

잔금 납부 → 배당 순서로 진행된다. 경매에 뛰어들기 전에 거쳐야 할 것은 정확한 권리분석이다. 권리분석은 경매를 통해서 구매하고자 하는 부동산(여기서는 주택)에 법률적인 문제가 있는지를 점검하는 절차다. 낙찰자가 낙찰금액 외에도 별도로 인수해야 하는 권리가 있는지 알아보는 것이 핵심이다. 「주택임대차보호법」상 대항력이 있는 세입자에게는 기존의 임차금액을 물어 줘야 하는 경우가 있다. 낙찰 이후 항고기간을 거쳐 잔금 납부 기간까지 40일 정도가 소요된다. 만약 기존 집주인이나 세입자가 버티면 바로 입주하지 못하고, 강제집행 과정을 거쳐야 한다. 경락(경매에 의하여 동산 또는 부동산의 소유권을 취득하는 일) 이후 명도(임차인 집 비우기)가 제대로 안 되면 명도소송을 해야 하는데 강제집행 비용이 들어간다. 임차인이 있으면 이사비도 줘야 하며, 미납된 공용관리비도 경락자 책임이다.

경매 전문가들은 빌라보다는 아파트, 아파트 중에서도 전용면적 $50m^2$(약 15평) 이하의 초소형 아파트를 눈여겨볼 필요가 있다고 지적한다. 소액 투자가 가능하고 수요가 높아 월세 등 임대수익을 내기 상대적으로 수월하다는 점, 큰돈이 묶이지 않는다는 점 등이 추천 이유로 꼽힌다. 또한 경매 절차를 이해하고 입주 시점을 넉넉하게 잡아서 자금 조달 과정에서 일이 꼬이지 않도록 하는 것도 필수적인 과정이다. 경매를 통해 재테크를 해 온 『365 월세 통장』의 저자 윤수현은 복잡하고 어려운 경매 과정을 일목요연하게 볼 수 있는 표와 체크리스트를 따로 만들어 블로그 등에서 배포하고 있다. 다른 어떤 주택 매수 방법보다 관련 법률이나 절차에 익숙해져야 하는 경매는 불황에 자산을 빠르게 늘릴 수 있는 길로 알려져 있다. 이 책은 경매라는 수단이 있다는 소개 수준에 그치기 때문에 경매를 통한 투자에 관심이 있는 독자라면 관련 서적이나 강의, 실습 등을 통해 경험을 쌓기 바란다.

알아 두면 도움 되는 재테크 TIP!

사람이 몇백 채 소유? 유주택자 비중은 어떻게 되나요

지난 2017년을 기준으로 작성된 통계를 살펴보면 한국의 부동산 시장은 이미 집을 보유하고 있는 '유주택자'들이 움직이고 있다. 일반 가구 1,967만 가구 중 주택을 소유한 가구는 1,100만 가구이며 이 가운데 1주택자는 799만 호, 2주택자는 438만 호, 3주택자 이상은 605만 호라고 한다. 한국 주택시장의 절반이라 말할 수 있는 1,043만 호가 다주택자의 손안에 있다는 이야기다.

재테크 용어

대지지분

대지지분이란 공동주택 전체의 대지면적을 가구 수(소유자 수)로 나눠 등기부에 표시되는 면적을 말한다. 대지지분이 많다는 것은 용적률이 낮아서 더 많은 아파트를 신축할 수 있다는 것을 의미한다.

용도지역

토지의 이용 및 건축물의 용도, 건폐율, 용적률, 높이 등을 제한함으로써 토지를 경제적·효율적으로 이용하고 공공복리의 증진을 도모하기 위하여 서로 중복되지 않게 도시·군관리계획으로 결정하는 지역을 말한다. 용도지역은 토지의 이용 실태 및 특성, 장래의 토지 이용 방향, 지역 간 균형발전 등을 고려해 도시와 관리·농림·자연환경보전 지역 등으로 나뉜다. 또한 용도지역 가운데 도시지역은 「국토의 계획 및 이용에 관한 법률 시행령」에 따라 다시 주거지역/상업지역/공업지역/녹지지역으로 나눌 수 있다. 일반적으로 부동산 투자에서 고려하는 주거지역은 전용주거지역(제1·2종 전용주거지역), 일반주거지역(제1·2·3종 일반주거지역), 준주거지역이다. 전용〉일반〉준주거지역으로 옮겨 올수록 상업적 성격이 강한 토지로 이해하면 된다.

재건축사업

정비기반시설은 양호하지만 노후 불량 건축물들이 밀집한 지역에서 주거환경을 개선하기 위해 시행하는 사업이다. 지어진 지 오래된 아파트를 새로 다시 짓는 사업으로 이해하면 쉽다. 예) 잠실 시영아파트 재건축사업을 통해 태어난 헬리오시티 아파트의 입주를 앞두고 전세가격 변동에 관심이 쏠리고 있다.

재개발사업

정비기반시설이 낙후돼 열악한 상황이며 노후하고 불량한 건축물이 밀집한 지역에서 주거환경을 개선하기 위해 시행하는 사업이다. 예) 재개발사업이 활발히 진행되고 있는 경기도 광명시 뉴타운 일대에서 A 아파트 가격이 최근 급등했다.

(청약) 조정대상지역/투기과열지구/투기지역

● 조정대상지역은 주택가격과 청약경쟁률, 주택보급률 등을 고려했을 때 청약 과열이 발생했거나 과열 우려가 있는 지역이다. 주택가격 상승률이 물가상승률보다 현저히 높거나, 청약경쟁률이 5 대 1을 초과했거나 주택 전매행위 성행으로 주택시장 과열 우려가 있는 곳으로서 시도별 주택보급률이 전국 평균 이하 또는 시도별 자가주택비율이 전국 평균 이하인 곳을 말한다.

● 투기과열지구는 주택가격의 안정을 위해 필요한 경우에 한해 국토교통부 장관 또는 시장, 도지사가 지정하는 지역을 가리킨다. 주택가격의 상승률이 물가상승률보다 현저히 높아 주택에 대한 투기가 우려되는 경우, 그 지역의 청약경쟁률, 주택가격, 주택보급률, 주택공급계획 등을 고려하여 주택에 대한 투기가 성행하고 있거나 성행할 우려가 있는 지역(지정 기준은 「주택법 시행규칙」 제25조로 규정하고 있음)이다.

● 투기지역은 기획재정부 부동산가격안정심의위원회가 「소득세법」에 따라 정한다. 부동산 가격 상승률이 전국 소비자 물가상승률보다 높은 지역으로서, 전국 부동산 가격 상승률 등을 고려할 때 그 지역의 부동산 가격이 급등했거나 급등할 우려가 있는 경우에 지정할 수 있다. 이곳은 양도소득세 가산세율 적용,

대출 제한 등 세제와 금융 관련 규제가 적용된다. 반면, 청약조정대상지역과 투기과열지구는 국토교통부 주거정책심의위원회가 「주택법」에 따라 지정하고 있어 청약, 분양, 재건축, 대출 등 주택시장 전반에 대한 규제를 적용하는 것이 일반적이다.

청약가점제

청약가점제는 동일 순위내에서 경쟁이 있을 경우 무주택기간(최고 32점), 부양가족수(최고 35점) 및 청약통장 가입기간(최고 17점)을 기준으로 산정한 가점점수가 높은 순으로 당첨자를 선정하는 제도다. 현재 정부는 투기지역·투기과열지구 내 전용 85㎡ 이하 공급 물량에 대해서 100% 가점제를 적용하고 있다.

갭투자

시세차익을 목적으로 주택 매매가와 전세가의 차액이 적은 집을 골라 투자하는 방식을 가리킨다. 주택 매수와 동시에 입주할 전세 세입자를 구하는 방식은 물론, 기존의 전세를 끼고 주택을 매수하는 방식 모두를 포함한다. 매매가 대비 전세가가 차지하는 비중이 높을수록 투자에 들어가는 자본이 적어져 유리하다.

금융의 새로운 세계, 크라우드 펀딩

안정적인 크라우드 펀딩은 없을까?

금융의 중심, 이제는 기술이 되었다

평범한 직장인인 내가 돈을 빌려주고 이자를 받는다고?

커피 한 잔 값으로 빌딩 주인이 되어 볼까?

리츠, 어떻게 투자하면 되나?

코인이 대체 뭐야?

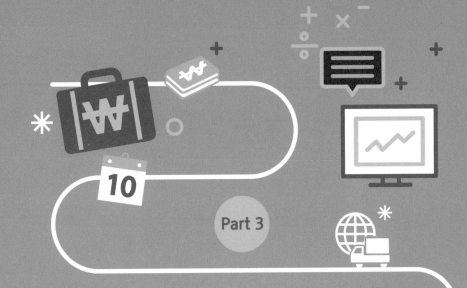

Part 3

#3. 대체투자가
필요한 이유

지금 같은 시대에 가장 큰 리스크는 아무것도 하지 않는 것이다.

: 제프 이멜트

금융의 새로운 세계, 크라우드 펀딩

사례 1. 세계 최대 크라우드 펀딩 플랫폼 킥스타터는 지난 2012년 VR^{가상현실, Virtual Reality} 분야의 스타트업이었던 오큘러스 리프트의 펀딩 프로젝트를 공개한다. 목표액은 25만 달러. 일상에서 접할 수 있는 VR기기를 기다려 왔던 많은 사람이 프로젝트에 열띤 반응을 보이며 펀딩에 참여했다. 첫 프로젝트를 통해 모집한 금액은 목표액을 훌쩍 뛰어넘은 240만 달러. 약속한 제품 역시 차질 없이 펀딩 참가자들에게 배송됐다. 흠잡을 곳이 없는 펀딩 종료에 오큘러스라는 회사는 일약 VR 분야의 스타 기업이 되었다. 수년이 지난 지금까지도 오큘러스 리프트 프로젝트는 스타트업이 첨단기술 개발을 위해 필요한 자금 모집과 브랜드 마케팅을 크라우드 펀딩을 통해 성공적으로 이뤄 낸 사례로 꼽힌다.

사례 2. 수익률 80%. 일본 애니메이션 〈너의 이름은〉의 개봉을 앞두고 수입 배급사 미디어캐슬이 크라우드 펀딩 플랫폼 와디즈를 통해 진행한 채권형 펀딩 프로젝트가 올린 수익률이다. 역대급이라 할 수 있는 이 수익률은 기본 약정한 연 10% 이율에 더해, 관객 수에 따라 추가금리가 붙으면서 산정된 결과다. 참가한 투자자는 152명, 펀딩 모집 총액은 1억 9,570만 원이다.

와디즈 〈너의 이름은〉 프로젝트 홈페이지

사례 3. 제주맥주는 지난 2017년 8월 14일 크라우드 펀딩 플랫폼 크라우디에서 진행한 주식형 크라우드 펀딩 프로젝트를 통해 오픈 11시간 만에 목표금액 7억 원을 성공적으로 모집했다.

제주맥주는 이 크라우드 펀딩에서 맥주 업계 최초로 직접적 지분 투자 방식을 선택해 화제를 모았다.

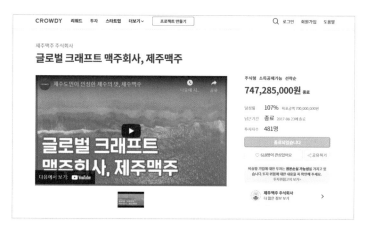

크라우디 '제주맥주' 프로젝트 홈페이지

알아 두면 도움 되는 재테크 TIP!

재테크 용어

크라우드 펀딩

웹 사이트나 모바일 네트워크 등을 통해 다수의 개인으로부터 자금을 모으는 행위를 의미한다. 불특정 다수인 군중으로부터 자금 조달을 받는다는 뜻으로 받아들일 수 있다. 크라우드 펀딩은 크게 투자형, 리워드형, 후원기부형 등으로 나뉜다. 뒤에서 다룰 P2P 금융, 즉 개인간 직거래 방식의 금융 서비스 역시 크게 보면 크라우드 펀딩에 해당하는 영역이다.

크라우드 펀딩은 자금을 필요로 하는 기업이나 창작자를 위해 금융기관을 거치지 않고 소셜네트워크나 웹사이트와 같은 온라인을 기반으로 불특정 다수를 통해 자금을 모으는 새로운 개념의 금융산업이다.

국내 크라우드 펀딩 시장은 시작 단계에서는 주식을 상장하지 않은 초기 단계 스타트업이나 중소기업, 제품 창작자의 자금 조달 문제를 해결하기 위한 본래 목적에 초점을 맞췄지만, 최근에는 기업이나 창작자가 자신의 제품과 서비스를 소비자들에게 널리 알리는 수단으로도 크라우드 펀딩 프로젝트를 적극 활용하는 모습을 보이고 있다. 특히 이는 제품이나 서비스를 보상^{리워드}으로 제공하는 펀딩 프로젝트에서 뚜렷하게 나타나는 모습이다. 리워드형 펀딩에 참가하는 기업은 아이디어 단계의 제품을 새롭게 제작하려고 할 때 성공을 장담하기 어려워 시작을 망설였던 과거와 달리, 크라우드 펀딩을 통해 시장의 반응을 먼저 확인할 수 있고, 초기 제작에 들어가는 비용을 마련할 수 있다는 장점이 있다.

그렇다면 크라우드 펀딩에 참여하는 일반 소비자는 어떤 점이 좋을까? 앞서 소개했던 리워드형의 경우 시제품에 불과한 제품에 일정 금액을 투자하는 식으로 위험을 떠안아야 하는 부담이 있지만, 펀딩이 성공적으로 완료된다면 펀딩 참가자는 시판 가격보다 저렴한 가격에 제품 및 서비스를 즐길 수 있다. 또한 제품이나 서비스가 아닌, 초기 기업의 주식이나 채권에 투자하는 투자형 크라우드 펀딩 참가자라면 비상장이기에 접근하기 어려웠던 유망한 기업에 투자를 할 수 있다는 점이 장점으로 작용한다. 특히 스타트업의 주주로 진입할 수 있는 주식형 크라우드 펀딩은 투자를 받은 기업이 성장을 거듭해 기업공개^{IPO}까지 성공한다면, 아주 높은 수익률로 이익을 실현할 수 있다.

다만, 비상장 기업에 대한 투자이니만큼, 크라우드 펀딩 가운데 주식채권형은 매우 위험한 투자 행위에 속하며 원금 역시 보장되지 않는다. 실제로 인기 게임인 부루마불을 모바일로 재탄생시키겠다며 6개월 한도, 이자율 연 10%의 수익을 약속했던 아이피플스는 와디즈에서 진행한 채권형 크라우드 펀딩을 통해 770명으로부터 총 7억 4,800만여 원을 조달하는 데 성공했지만, 게임 흥행이 예정대로 되지 않으면서 상환은 무기한 연기됐다. 펀딩에 참여한 이들은 아이피플스를 상대로 민형사 소송을 제기하고 채권추심 등을 통해 원금이라도 받아내려 애를 썼다. 이와 같은 예기치 못한 사고를 방지하기 위해 크라우드 펀딩 업계는 '먹튀' 기업을 막기 위한 예방책 마련에 힘쓰고 있다.

안정적인 크라우드 펀딩은 없을까?

그렇다면 크라우드 펀딩에 참여하는 것은 원금 손실의 위험이 있으니 피하는 것이 좋을까? 답을 미리 말하자면 '언제나 그렇지는 않다'. 원금도 보장받지 못할 정도로 형편없는 프로젝트가 있는가 하면 앞서 언급한 사례처럼 기막힌 수익률을 선사하는 프로젝트도 있기 마련이다. 때문에 '하이 리스크, 하이 리턴High Risk, High Return'이라는 원칙을 마음에 새긴 후 자신이 가용할 수 있는 투자금 규모를 따져 펀딩 참여를 시도해 보는 것이 바람직하다.

크라우드 펀딩 가운데서도 제품을 약속한 기간 내에 보내 주는 리워드형 프로젝트는 투자보다는 선구매 또는 공동구매에 가깝기 때문에 투자상품으로 고려할 필요는 낮다. 대신 주식형과 채권

형을 두고 골라야 하는 상황이라면, 프로젝트를 오픈한 기업에 대해 최대한 정보를 수집해 펀딩 참여 여부를 결정해야 할 것이다. 크라우드 펀딩 플랫폼은 절대 펀드 참여자, 즉 투자자의 원금을 보장해 주지 않는다. 물론 크라우드 펀딩 플랫폼이 홍보용으로 올린 글에는 '친구에게도 추천해 줄 수 있는 안전한' 투자처로 채권형 크라우드 펀딩을 꼽지만, 세상 일은 아무도 장담할 수 없다. 플랫폼 측에서도 프로젝트가 예정과 다르게 엎어질 가능성을 익히 인지하고 있다. 그래서 펀딩 모집 사이트를 주의 깊게 보면 당구장 표시와 함께 깨알같이 '원금 손실의 가능성이 있습니다.'라고 적어 두었다. 미래가 불확실한 비상장회사의 주식에 돈을 걸어야 하는 주식형 크라우드 펀딩은 채권형보다 투자 위험도가 더 높다고 보면 된다. 따라서 크라우드 펀딩을 통해 투자를 하려면 플랫폼의 말을 곧이곧대로 믿기보다, 별첨으로 올라온 투자 대상 기업의 재무제표라도 들춰 보기를 바란다. 일부 크라우드 펀딩 플랫폼에서는 투자형(주식, 채권) 프로젝트를 진행할 때 채권 부도와 같은 극단적 상황을 예방하기 위해 회사 자산에 대한 질권 설정 등의 조치를 취하기도 한다. 따라서 펀딩 참여를 결정하기 전에 신뢰할 수 있는 플랫폼을 골라 과거 투자형 프로젝트의 투자금 상환 이력 등을 살펴보는 것도 추천한다.

금융의 중심, 이제는 기술이 되었다

인류의 역사와 함께 발달해 온 금융업이 최근 들어 정보기술^{IT}과 결합되면서 새로운 모습으로 변화하고 있다. 이 같은 세태를 표현하는 신조어도 있다. 바로 금융^{Finance}과 기술^{Technology}을 결합한 '핀테크^{Fintech}'다. 이 단어는 금융과 IT의 융합을 통한 금융서비스와 산업의 변화를 의미한다. 하지만 핀테크가 가리키는 금융과 IT 기술의 융합은 2000년대 후반 금융거래 과정을 전자화하며 소비자의 편의성을 높이고 금융회사의 수익성을 높였던 수준에 머물지 않는다. 오히려 돈을 다루는 금융보다 기술이 핵심이 돼 산업 전반을 변화시킨다고 보는 것이 정확하다.

그렇다면 핀테크에 속하는 서비스에는 어떤 것이 있을까? 금융 서비스를 이용하는 소비자들이 일상 속에서 만들어 내는 빅데이터는 무궁무진한 발전 가능성을 지닌, 핀테크의 한 영역이기도 하다. 아직 한국에서는 꿈꾸기 어렵지만 개인의 인터넷 활동 내역을 바탕으로 대출이자율을 계산해 금융거래 내역이 없었던 소상인 등에게 돈을 빌려주는 미국의 온덱OnDeck 등이 금융소비자의 데이터를 기반으로 금융산업의 영역을 넓히는 시도를 진행한 예다.

또한 카카오톡, 라인과 같은 소셜네트워크서비스SNS에서 선보이고 있는 지급결제 시스템도 핀테크에 속한다. 지갑이 없어도 모

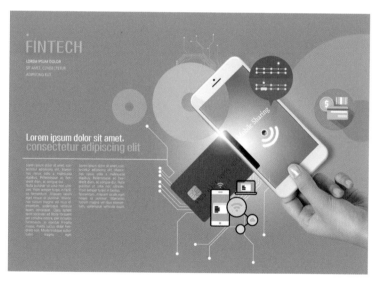

금융(Finance)과 기술(Technology)을 결합한 '핀테크(Fintech)'

바일 앱에 등록된 카드나 계좌를 통해 결제가 가능한 서비스를 떠올리면 되겠다.

이 밖에도 본인이나 가족의 건강 상태나 병력을 입력하면 적절한 보험을 추천해 주는 등의 개인별 맞춤형 보험 설계 서비스도 핀테크로 분류될 수 있다. 다만, 최근까지 우리나라에서는 금융회사가 소비자 신용도를 비롯한 개인정보에 접근할 수 있는 권한이 크게 제한돼 있었다. 이 때문에 기존 대형 금융사를 비롯한 핀테크 및 IT 기업들은 금융 빅데이터를 포함한 개인정보를 사업적으로 활용해 새로운 서비스를 선보이게 해 달라는 요청을 정부와 국회에 지속적으로 해 오고 있다.

평범한 직장인인 내가 돈을 빌려주고 이자를 받는다고?

이처럼 다양한 핀테크 기업이 금융산업의 지평을 넓히는 가운데 금융이 출발한 영역에도 변화의 바람이 불고 있다. 돈을 빌려주고 이자를 받는 행위가 바로 그것이다. 사실 돈을 타인에게 빌려주고 또 빌려오는 일은 말처럼 쉬운 일이 아니다. 1990년대 후반 이 나라를 강타한 IMF 외환위기를 겪으며 우리 사회에서는 '함부로 대출 보증 서 주면 안 된다', '친인척 사이에도 금전 거래를 하는 것이 아니다'라는 원칙이 확고해졌다. 그 누구보다도 믿을 수 있는, 피를 나눈 형제자매에게 쌈짓돈을 빌려줬다가 약속했던 돈을 받지 못해 속을 끓이는 가족들의 사례는 당시 한국 경제의 주력 세대였던 현재 50~60대에서 흔하디 흔한 이야기였다. 그 시절만 하더라도 가족 간 금전거래에 공증을 받거나, 상환 약정서 등을 작성하는 일은 많지 않았기에 더욱 그랬을지도 모른다. 하지만 지금 밀레니얼 세대는 다르다. 생판 모르는, 심지어 내 돈을 빌려 가는 상대의 이름과 나이도 모르는 상태에서 투자자^{대주}가 된다. 저금리와 금융혁신이 어우러져 탄생한 이 새로운 금융상품의 이름은 바로 P2P^{Peer to Peer} 대출이다.

앞서 살펴본 크라우드 펀딩처럼 P2P 대출도 IT 기술을 활용해 자금이 필요한 개인을 다수의 투자자와 연결해 주는 것이 핵심이다. 무엇보다 P2P 대출 업계는 차주의 상환능력을 까다롭게 따지는 제1금융권 및 신용도가 낮은 이들에게 상대적으로 헐겁게 돈을 빌려주는 제2금융권과도 다른 노선을 취했다는 점에서 새로운 대출 시장을 열었다는 평가를 받는다. 통상 제1금융권은 신용등급 1~3등급의 고신용자 고객을 상대로 연 3~5% 저금리 대출 상품을 내놓고 있으며, 그 외의 신용등급 소지자는 15% 이상의 고금리를 부담할 수밖에 없는 상황이다. 실제로 P2P 대출 업체 8%는 '중간 신용등급에 속하는 4~7등급자를 위한 대출'을 노리며 5~15% 사이의 중금리 대출을 활성화시키기도 했다.

P2P 대출이 돌아가는 구조는 낯선 이름과는 달리 의외로 간단하다. 시중 은행이 하고 있는 대출 심사를 P2P 대출 중개업체가

맡아 해 주되, 돈을 빌리는 사람도 빌려주는 사람도 비대면으로 온라인화되어 있다는 점이 눈에 띈다.

국내 P2P 대출 시장을 주도하고 있는 몇 곳의 사이트를 둘러보면 크게 주택을 담보로 설정하거나 또는 신용을 바탕으로 대출을 연결해 주는 상품이 주를 이룬다. 주택담보를 설정한 대출 상품의 경우에는 근저당을 설정한 물건의 예상 낙찰가액, 신용대출은 신용도와 월 수입, 카드 사용액 정도가 불특정 다수의 투자자에게 공개된다. 대신 대출자의 신원은 철저하게 비밀에 부쳐진다. 통상 주택을 담보로 설정한 대출의 경우에는 1년 한도, 1억 원 미만으로 연 8~9%대 이자를 지불하기로 약속한 경우가 다수를 차지한다. 대신 개인 신용을 바탕으로 진행되는 P2P 대출은 담보를 잡은 대출보다 당연히 이자율이 10~17% 전후로 높고, 대출 규모도 소액으로 진행된다.

P2P 대출을 중개하는 업체는 중개 수수료를 받는 대신에 담보로 잡은 주택의 등기 변동 상황이나 권리침해 여부를 매일 확인하고 이자 연체 시 자체적인 추심을 진행해 투자금을 회수하겠다는 약속을 하고 있다. 그러나 고위험 투자상품으로 분류되기 때문에 P2P 대출에 넣은 투자금은 원금 손실의 위험이 언제나 존재한다.

일각에서는 P2P 대출 기업들이 투자자 보호 방안 마련에 크게 힘을 쓰고 있지 않다는 지적을 내놓고 있다. 돈이 필요한 이와 돈을 빌려주는 이를 연결해 주는 기업들이 투자자 보호 교육을 나 몰라라 한다는 언론보도도 이 의견과 결을 같이한다. 다만, 이 같은 우려는 제도권 금융으로 편입되면서 줄어들 것으로 보인다. P2P 대출은 「온라인투자연계금융업법」이 2019년 11월 국무회의를 통과하면서 합법의 영역으로 포함됐으며, 2020년 8월 27일부터 정식으로 제도권 금융에 편입됐다. 온라인투자연계금융업법은 P2P 금융업체의 영업행위와 진입요건, 준수사항 등을 법률로 규정하는 세계 최초의 P2P 금융법이기도 하다. 금융 신산업을 육성하는 것은 물론, 금융 소비자인 투자자를 보호하는 데 초점이 맞춰져 있다.

해당 법은 P2P 업체가 연계대출의 규모에 따라 자기자본을 5억·10억·30억 원으로 갖춰 금융위원회에 등록하도록 했다. 탄탄한 기반이 없는 업체들이 P2P 대출에 뛰어드는 일을 막기 위해서다. 또한 P2P 업체들은 재무 등 주요한 경영현황에 대한 공시의무를 부여받는다. 금융사고가 발생하거나 부실채권을 매각해야 할 경우, 회사 홈페이지에 공시해야 한다. 또한 업체 수수료도 대부업법이 규정하는 최고 금리인 현행 24%까지로 한정된다.

커피 한 잔 값으로
빌딩 주인이 되어 볼까?

최근 들어 경제신문에서 '리츠^{Real Estate Investment Trusts: REITs}'를 언급하는 기사가 늘고 있다. 리츠는 간단히 말하면 부동산에 투자하는 간접 상품이다. 사전적 정의로는 '다수의 투자자로부터 자금을 모집한 후 부동산이나 부동산 관련 증권 등에 투자, 운영하고 그 수익을 투자자에게 돌려주는 부동산 간접투자회사^{기구}'라는 의미를 지니고 있다.

리츠는 저금리 시대 우량 부동산에 대한 투자 욕구가 높아진 현 세태를 반영하고 있다. 서울이 아닌 수도권 지역의 꼬마 빌딩 한 채만 해도 100억 원을 바라보는 시대에 빌딩주가 될 수 있는 이들은 극소수에 불과하다. 하지만 리츠를 통하면 소액 투자로도 입지가 좋은 빌딩에 지분을 갖고 있을 수 있다. 문재인 정부는 주거용 부동산에 대한 강력한 규제와는 결이 다르게 상업용 부동산, 그중에서도 리츠에 대해서는 부동산 가격 안정 효과가 있다는 측면에서 정책적으로 지원 사격을 하는 모습을 보였다. 국토부는 리츠가 활성화되면 현재의 투기적 부동산 시장을 건전한 투자시장으로 전환해 부동산 가격 안정을 도모할 수 있다고 보고 있다. 또한 리츠 자산을 운용하는 전문인력을 육성해 유동화하기 어려운 부동산 문제점을 개선할 수 있다고 판단했다.

부동산투자회사법 리츠라는 존재가 한국에 소개된 지는 20년 가까이 되어 가지만 최근 들어 정부가 리츠 투자에 대한 세제 혜택 등이 포함된 다양한 활성화 대책을 발표하면서 더욱 주목받고 있다. 2019년 11월 정부가 발표한 「공모형 부동산간접투자 활성화 방안」에 따르면 공모 리츠에 대해 5,000만 원 한도로 3년 이상 투자 시 배당소득을 일반 금융소득 세율보다 낮은 9%로 분리과세하는 혜택을 받을 수 있다. 이전까지 리츠 배당소득에 이자·배당소득세 14%가 부과되고 2,000만 원 이상 금액에는 최고 42%의 누진과세가 부과된 것과 비교하면 파격적이라는 것이 증권가의 평가다.

시장은 리츠에 뜨겁게 반응했다. 특히 상장 리츠 종목들이 직접적인 수혜를 입었다. 주식시장에서는 안정적인 배당을 제공하는 자산으로서, 부동산 시장에서는 직접투자에 따른 리스크를 줄일 수 있는 수단으로서 대안으로 급부상했다. 롯데쇼핑 계열 백화점과 마트를 기초 자산으로 담은 롯데리츠는 상장 첫날 가격 제한폭까지 치솟았고, 그 이후 공모를 진행한 NH프라임리츠 역시 일반투자자 대상 청약 경쟁률이 318 대 1로 높은 인기를 끌었다. 청약증거금으로 모인 돈만 무려 7조 7,500억 원에 달했다. 전문가들은 이처럼 상장 리츠에 관심이 쏠린 데는 시중에 풀린 돈이 갈 곳이 마땅치 않다는 점, 또 상장주이기에 언제든 환매가 가능하다는 점이 투자자들에게 매력 포인트로 다가왔을 것이라 분석하고 있다. 일반 투자자들에게는 커피 한 잔 값(통상 상장 리츠 공모가는 주당 5,000원)으로 고정적인 임대수입이 들어오는 빌딩에 투자할 수 있다는 점이 가장 매력적이었을 것이라는 지적도 있다.

리츠, 어떻게 투자하면 되나?

개인이 리츠에 투자하는 방법은 크게 상장된 리츠를 매수하거나 공모 일정에 맞춰 청약을 신청하는 방법, 총 두 가지다. 리츠 투자에 대한 기본적인 정보는 리츠정보시스템(http://reits.molit.go.kr) 홈페이지에서 투자안내를 통해 확인할 수 있다. 여기에서는 리츠사와 자산관리회사에 대한 정보는 물론, 자산을 운용하는 전문인력에 대해서도 제법 상세하게 알 수 있다. 투자 의사를 결정했다면 리츠 판매회사를 방문해 전담창구에서 적절한 안내를 받으면 된다. 투자자는 리츠 역시 금융상품이기 때문에 앞의 증권 파트에서 언급했던 '고객 투자 성향 등급'을 확인하고 적합한 리츠사를 선정하여 매수 절차를 진행해야 한다. 만에 하나 판매회사의 투자 권유

리츠정보시스템 홈페이지

를 원하지 않거나 자신의 등급보다 높은 등급(고위험) 투자를 원할 경우, 투자자확인서에 별도로 서명한 후에 투자가 가능하다.

복잡하게 설명했지만 상장한 리츠는 통상적인 주식 거래와 크게 다를 것이 없다. 증권사 지점이나 모바일 HTS홈트레이딩시스템 애플리케이션 등을 활용해 매수주문을 넣으면 되는데, 공모상장 리츠를 청약하는 방법은 살짝 까다롭다. 우선, 청약을 신청할 수 있는 증권사가 한정돼 있다. 통상 4~5개 증권사에서만 청약이 가능하며 청약기간 이전에 해당 증권사 계좌를 만들어 놓아야만 신청할 수 있다. 다만, 꼭 대면계좌를 만들 필요는 없기 때문에 관심 있는 리츠에 대한 공모일정이 발표되면, 투자설명서와 기사 등을 통해 청약 가능한 증권사를 확인한 후 비대면 계좌를 미리 만들어 두는 것이 좋다.

또한 공모 투자자들에게 주식을 나눠 주는 방식은 주택보유 수, 부양가족 수에 따라 높은 가점 보유자가 '절대 강자'가 되는 민영주택청약과 달리, 오롯이 '쩐'의 크고 작음으로 결정된다. 청약에 참가하는 이들은 '청약증거금'을 내고 신청하는데 이 금액이 크면 클수록 받는 공모주가 많아진다. 일부 증권사는 일반 고객과 예탁금 규모가 10억 원 이상인 VIP 고객을 차등해 청약신청이 가능한 주식 수를 제한해 두기도 한다.

리츠 상품을 고를 때 기본적으로 확인해야 할 자료는 투자보고서다. 「부동산투자회사법」 등에 따라 리츠사(부동산투자회사)는 정해진 기간에 맞춰 보고서를 발행하는데, 여기에는 회사의 자산부터 구성원(발기인, 이사 및 감사)에 대한 사항은 물론 주주 현황, 소유 부동산의 개요 등이 포함돼 있다. 2019년 12월에 상장한 NH프라임리츠는 서울 중구 서울스퀘어, 서울 강남구 강남N타워, 서울 서초구 삼성물산서초사옥, 서울 송파구 잠실SDS타워 등 오피스 빌딩을 기초자산으로 한 수익증권(재간접형 리츠)이다. 2018년 8월 상장한 신한알파리츠는 경기 판교 크래프톤타워 알파돔시티, 서울 용산구 원효로 더프라임 등을 기초자산으로 두고 있다.

재테크 용어

청약증거금

유상증자나 공모에 참여한 투자자들이 해당 기업 주식을 사기 위해 계약금 형식으로 내는 돈

데이터 3법

「개인정보 보호법」, 「정보통신망 이용촉진 및 정보보호 등에 관한 법률(정보통신망법)」, 「신용정보의 이용 및 보호에 관한 법률(신용정보법)」 개정안을 묶어 가리키는 말이다. 데이터 3법은 개인정보를 익명처리해 추가 정보의 결합 없이는 개인을 식별할 수 없도록 안전하게 처리된 가명정보 개념을 도입하는 내용이 핵심이다. 이 법에는 가명정보를 전문기관의 승인을 거쳐 상업적 목적을 포함해 과학연구와 통계 등에 활용할 수 있도록 하는 내용 등을 포함한다. 이 법은 개인정보보호에 관한 법이 소관 부처별로 나뉘어 있어 생긴 불필요한 중복 규제를 없애고, 개인과 기업이 개인정보 등을 빅데이터로 활용할 수 있도록 하기 위해 마련됐다. 정부가 추진 중인 데이터 경제 활성화를 위한 필수법안이다. 현재 「개인정보 보호법」은 개인정보 사용에 관한 모든 사안을 취급하며 「정보통신망법」에서는 온라인상의 개인정보, 「신용정보법」에서는 신용거래에서의 개인정보를 다루고 있다.

코인이 대체 뭐야?

새로운 개념의 화폐, 비트코인

누구는 이것을 두고 '언제 휴지 조각이 되어도 납득할 수 있는 것'이라고 한다. 하지만 다른 누구는 '미래 세계에서 살아남기 위해서 자산 일부를 기필코 넣어 둬야만 하는 투자 대상'이라고 목소리를 높인다. 이처럼 극단적으로 나뉘는 사람들의 평가는 때로는 이것의 잠재된 가능성을 나타내는 증거라고 해석하는 이들도 있다. 기나긴 인류 역사에서 이제 탄생 10여 년에 불과한 이것은 바로, 암호화폐다. 가상화폐나 디지털화폐로 부르는 이들도 있다. 투자에 관심 있는 많은 이들은 짧고 쉽게 '코인'이라고 지칭한다. 이 책에서는 정확한 표기를 위해 '암호화폐'라고 지칭하겠다.

재테크에 관심이 크게 없는 사람이라 할지라도 암호화폐에 대한 뉴스는 종종 접했을 것이다. 암호화폐 기사를 처음 썼던 적이 떠오른다. 예나 지금이나 세계에서 제일 유명한 암호화폐인 비트코인 한 개가 몇 월 며칠 미화 3,000달러를 돌파했다는 내용이었다. 기사를 작성하며 분명 몇 달 전에는 이보다 더 낮은 가격이었는데 파죽지세로 올라오는 가격에 놀랍다는 생각을 했던 기억도 난다. 기사를 작성했던 2017년은 한국에서 암호화폐 투자에 대한 관심이 슬슬 높아지던 시기였다. 물론 이전에도 국내 최초의 거래소(빗썸, 구 엑스코인)가 만들어지는 등 암호화폐 투자가 가능한 환경은 갖춰져 있었지만, 아직 전 국민을 흥분하게 만드는 금융자산으로서 평가받지 못했던 때다.

그러나 2017년 하반기 즈음부터 암호화폐는 국내에서 인지도를 빠르게 높여 나갔다. 사람들은 초기에 상당한 이익을 거둔 기존 투자자들의 성공 사례를 듣고, 거래소로 몰려들었다. 화폐의 오랜 역사나 금융위기, 블록체인 등 복잡하고 어려운 단어를 모르더라도 사람들은 호기심과 기대에 가득 차 암호화폐 거래소로 달려갔다. 한국에서 거래되는 암호화폐 시세가 글로벌 시세보다 더 비싸게 매겨지는 이른바 김치프리미엄이란 단어가 등장한 것도 이때가 처음이다. (예를 들어 해외 거래소에서 암호화폐 A 한 개가 10달러인

데 한국 거래소에서는 20달러에서 거래된다면, 이 A에는 한국에서만 적용되는 별도 프리미엄이 붙은 상태라 할 수 있다.) 2017년 말 비트코인은 2만 달러 시대를 열어젖힐 것처럼 상승을 거듭했다. 적은 돈을 넣어도 몇 천, 몇 만 퍼센트 상승해 떼돈을 벌 수 있다는 강력한 민음이 한국의 암호화폐 투자판을 휩쓸었던 시기였다. 예적금을 깨고, 마이너스 대출 통장을 털어 만든 쌈짓돈이 암호화폐 거래소로 몰려들었다.

비트코인 광풍이라는 말이 나올 정도로 시장이 과열되자 각국 정부가 칼을 뽑아 들었다. 그 중에서도 한국 정부는 강경한 입장이었다. 시작은 법무부가 쏘아 올렸다. 박상기 당시 법무부장관은 2018년 1월 11일 신년 기자간담회에서 법조 출입기자들과 만나 "가상화폐(당시 정부는 암호화폐를 가상화폐로 지칭했다) 거래가 사실상 도박과 비슷한 양상으로 이뤄지고 있다"며 "가상화폐 거래를 금지하고 거래소 폐쇄까지도 목표로 하고 있다"고 말했다. 아울러 암호화폐 투자를 원천적으로 금지하는 방안을 정부 입법 법안으로 준비하고 있으며, 부처 간 이에 대한 이견이 없다고도 밝혔다. 박장관은 또 암호화폐의 거래가 사실상 도박과 비슷한 양상으로 이뤄지고 있다며, 이 같은 강경한 대책을 추진해 나갈 의지를 보이기도 했다.

나중에 밝혀지기는 했지만 부처 간 이견이 없다는 박 장관의 발표는 사실이 아니었다. 그러나 그의 갑작스러운 발언은 암호화폐 투자자들에 충격을 주기에 충분했다. 당일 기획재정부까지 나서서 거래소 폐쇄에 대한 법무부 방침에 동의하지 않는다고 발표했지만, 한번 흔들린 투자심리는 되살리기 힘들었다. 게다가 박 장관의 발언 이후 5일 뒤 암호화폐 거래소를 불법화하는 규제 방침을 담은 정부 문건까지 언론을 통해 보도되면서, 시장은 완전히 무너져 내렸다. 내가 보유한 디지털 자산을 더 비싼 가격에 사줄 누군가가 있을 것이라는 사람들의 막연한 기대가 산산조각 나는 데는 그리 오랜 시간이 걸리지 않았다. 그 결과 2018년 초 1만 3,850달러로 거래를 시작했던 비트코인은 같은 해 연말께 3,800달러 선까지 미끄러졌다. 극심한 변동성이 암호화폐 시장을 뒤덮었으며, 2020년 12월 1일 비트코인 한 개 가격이 1만9,850달러를 기록해 전고점을 바꿀 때까지 3년간 침체기를 겪었다.

그렇다면 암호화폐 투자에 대해 말할 때 빠지지 않고 등장하는 비트코인BTC은 대체 무엇일까? 그리고 우리가 일반적으로 사용하는 원화나 달러화와 가장 큰 차이점은 무엇일까? 그 답은 비트코인이 개발된 2008년 10월로 거슬러 올라가야 알 수 있다. 당시 '사토시 나카모토'라는 가명을 사용한 프로그래머는 각국 중앙은행이 화폐를 발행하는 권한을 독점한 탓에 글로벌 금융위기가 발생했다고 생각했다. 미국 연방준비제도 등 중앙은행들이 화폐 발행량을 멋대로 늘려 돈의 가치를 떨어뜨리는 바람에 과도한 인플레이션과 부동산 시장의 버블현상이 발생했다는 판단이었다. (코로나19 팬데믹이 발생하자 한국은행과 미 연준 등 중앙은행들이 대규모 정책 자금을 풀어 경기를 부양하고자 노력하는 상황을 떠올리면 된다.)

사토시 나카모토는 이에 대한 대안으로 화폐를 발행할 수 있는 권한을 분산하는 동시에 은행이나 카드회사 같은 중개 기관을 거치지 않는 새로운 개념의 화폐, 비트코인을 고안했다. 화폐를 찍어낼 수 있는 정부 고유의 권한에 정면으로 맞선 것이다. 비트코인에 대해 탈중앙화를 꾀하는 화폐라고 부르는 이유도 여기에 있다.

탈중앙화가 기존 화폐와 비트코인의 차이점이라면, 보안성은 비트코인이 기존의 디지털 자산과 비교해 차별화가 가능한 부분이다. 비트코인은 해킹이 원천적으로 불가능하기 때문이다. 블록체인 기술을 바탕으로 비트코인의 거래내역을 기록한 원장(거래장부)은 여러 사용자들의 서버에 분산해 저장된다. 따라서 해커가 일부 거래를 자신이 원하는 대로 바꿔 버리고자 시도해도, 수많은 참여자가 보유한 모든 장부를 바꾸는 것은 불가능하기 때문에 해킹이 성립되지 않는다. 암호화폐와 블록체인은 떼려야 뗄 수 없는 관계라고도 볼 수 있겠다.

　이처럼 기존의 화폐와는 전혀 다른 목적과 접근으로 탄생한 비트코인은 두 가지 방법으로 손에 넣을 수 있다. 하나는 컴퓨터로 암호화된 문제를 풀면 그에 대한 보상으로 받을 수 있다. 채굴이라고 부르는 과정이다. 하지만 사토시 나카모토가 무한정 발행하는 기존 화폐에 대한 반감을 갖고 만든 비트코인은 총량이 2,100만 비트코인까지로 제한돼 있다. 전문가들은 이를 근거로 2032년께 비트코인 발행이 끝날 것으로 추정하기도 한다. 채굴이 어렵다면 거래소 등 비트코인이 거래되는 시장에서 기존 화폐를 주고 사는 방법이 있다. 대다수 암호화폐 투자자들은 거래소 같은 시장에서 비트코인을 사고팔고 있다. 한편 사토시 나카모토가 2009년 비트코인의 소스 코드를 공개한 이후 이더리움과 리플, 에이코인 등 다양한 암호화폐가 생겼다. 암호화폐 시장에서 알트코인으로 불리는 것들이다. 현재 비트코인은 암호화폐의 기축통화로도 불린다.

사토시 나카모토는 누구?

암호화폐를 설명하다 보면 필연적으로 등장하는 이름이 하나 있다. 바로 사토시 나카모토다. 암호화폐인 비트코인을 처음으로 개발한 사람으로 알려진 이 신원미상의 존재는 자신이 1975년생 일본인이라고 주장하고 있지만, 사실 여부는 확인되지 않았다. 그저 2008년 10월 31일 사토시 나카모토라는 이름으로 9페이지 분량의 백서를 올린 사람이 있다는 것 외에 알려진 내용은 없다. 사토시는 2010년 12월 자취를 감췄다.

언론은 사토시가 누구인지 추적해 왔다. 미국 뉴스위크지는 2014년 3월 캘리포니아주에 거주하고 있던 일본계 엔지니어인 도리안 사토시 나카모토를 비트코인을 개발한 프로그래머라고 지목했다. 취재진은 도리안을 대면하고 당신이 비트코인의 개발자가 맞느냐고 물었고, 도리안은 더 이상 비트코인 프로젝트에 참여하고 있지 않다, 이제는 다른 사람들이 맡고 있다고 답했다. 뉴스위크는 이 발언을 도리안이 사토시라는 사실을 자백한 증거로 받아들였다. 그러나 사토시가 온라인 커뮤니티에 도리안은 진짜가 아니라고 글을 올리면서 논란이 증폭됐다. 도리안은 보도 이후 자신이 그 사토시가 아니라고 해명하면서, 언론의 추적도 멈췄다.

미국 포브스지도 사토시를 찾으려는 취재를 진행했는데 여기서는 도리안과 같은 동네에 사는 암호학자 할 피니가 비트코인 창시자라는 주장이 제기됐다. 그가 캘리포니아공대 출신의 뛰어난 암호학자라는 점, 비트코인의 최초 거래자라는 이유 등이 거론됐다. 이어 IT 전문 매체에서는 호주 국적의 크레이그 스티븐 라이트가 사토시라는 주장도 나왔다. 크레이그 라이트 본인도 자신이 사토시가 맞는다고 주장하기도 했다. 그러나 라이트는 자신이 사토시라는 것을 직간접적으로 증명할 수 있는 비트코인 주소 목록을 공개하지 못해 신빙성이 떨어진다는 지적이 많다.

한편 최근 미국에서 진행된 민사재판은 다시금 사토시 나카모토의 정체에 대한 세간의 관심을 불러일으켰다. 자신이 사토시라고 주장하는 라이트를 상대로 지난 2013년 4월 사망한 프로그래머 데이비드 클라이먼의 유족들은 비트코인 110만 개에 대한 공동 소유권을 인정해 달라며 소송을 제기했다. 원고인 클라이먼의 유족은 데이비드가 라이트와 비트코인을 공동 개발했고 110만 개 이상의 비트코인을 함께 채굴했다고 주장하고 있다. 즉 데이비드와 라이트가 모두 사토시이기 때문에, 사토시 소유의 비트코인 110만여 개 중 절반에 대한 소유권을 가져야 한다는 것이다. 라이트는 자신이 비트코인의 단독 창시자라고 주장하며, 클라이먼의 기여를 부인했다. 수개월에 걸친 재판 결과, 미국 플로리다주 마이애미 연방법원의 배심원단은 2021년 12월 라이트와 클라이먼이 동업해 비트코인을 만들었다는 주장을 기각했다. 비트코인의 창시자가 누구인지도 여전히 미궁 속에 남게 됐다.

코인 투자 어떻게 해?

국내에서 암호화폐에 투자하기 위해서는 거래소를 활용해야 한다. 빗썸과 업비트, 코인원, 코빗 등 총 네 개의 거래소가 있으며 거래소에 따라 사용할 수 있는 은행계좌가 지정돼 있다. 예를 들어 업비트는 케이뱅크, 빗썸은 농협 계좌가 있어야만 한다. 만약 암호화폐 투자를 위해 계좌를 새롭게 만들어야 한다면, 정부 규제상 20일 이내에 2개 이상 금융기관 계좌 개설이 불가능하기 때문에 사전에 어떤 거래소를 주로 사용할지 결정하고 은행을 방문하는 것이 좋다.

현재 국내에서 가장 이용자 규모가 많은 거래소는 업비트로 2021년 8월 기준 이용자 예치금 잔액이 5조 2,678억 원으로 나타났다. 그 다음은 빗썸(1조 349억 원), 코인원(2,476억 원), 코빗(685억 원) 순이다. 업비트는 이용자 규모뿐 아니라 이용자 수와 거래횟수 면에서도 다른 거래소보다 압도적으로 많은 것으로 조사됐다. 편의상 업비트를 기준으로 계좌 개설단계를 살펴보도록 하겠다. 우선 케이뱅크 애플리케이션을 내려받은 후 회원가입과 본인인증, 고객확인절차 등을 거쳐 계좌를 만든다. 그 다음에는 업비트 애플리케이션을 설치하고, 케이뱅크 계좌와 연동하는 절차를 밟으면 된다. 업비트의 경우 회원으로 가입한 이후에 총 5단계의 인증절차를 거치게 되는데 암호화폐를 사고파는 거래는 3단계 계좌연동까지 하면 가능하다.

암호화폐를 매수하기 위해서는 1) 업비트와 연동된 케이뱅크 계좌에 투자할 자금^{원화}을 넣고 2) 업비트 앱 입출금 탭에서 입금하기를 눌러 암호화폐 투자가 가능한 예치금 상태로 가져오고 3) 집 모양의 거래소 탭에서 원하는 암호화폐 종목을 누른 후 매수 주문을 하면 된다. 매도할 때는 정확히 매수 때와 반대로 거래소에서 내가 보유하고 있는 암호화폐를 매도한 뒤에 업비트 내에 예치금 상태로 전환된 원화를 케이뱅크 계좌로 옮기면 된다. 매도와 매수를 진행할 때는 현재 거래되고 있는 시장가로 거래할지, 원하는 가격을 지정할지 등을 설정할 수 있다. 기본적으로 거래소 앱의 사용자 인터페이스는 증권사 홈트레이딩서비스^{HTS}와 유사한 구조를 택하고 있어 주식투자 경험이 있는 경우 쉽게 이해할 수 있다.

암호화폐 투자는 소액으로도 시작할 수 있다. 그리고 타이밍만 잘 맞는다면 단기간에 큰 수익을 낼 수 있는 것도 사실이다. 하지만 이 이야기는 반대로 변동성이 심하다는 의미다. 그렇기에 여유자금이 없는 초보 투자자들이 무턱대고 '올인'하기에는 위험한 투자 대상이기도 하다. 게다가 주식시장과 달리 24시간 내내 거래가 이뤄진다는 점에서, 시의적절한 대응을 하기가 쉽지 않은 경우도 많다. 기축통화 취급을 받는 비트코인조차도 예상치 못한 이유로 그 가격이 롤러코스터처럼크게 올랐다가 훅 떨어질 때가 있기 때문이다.

앞서 암호화폐는 미 연준과 같은 통화 발행기관과 거리를 두고 독립적인 화폐로 기능하고자 하는 마음에서 탄생한 존재라 설명했다. 그럼에도 2021년 말에서 2022년 초, 급격한 금리인상이 진행될 조짐이 보이자 비트코인과 이더리움 등 수많은 암호화폐 가격 차트는 속절없이 하강했다. 따라서 암호화폐를 자산 불리는 수단으로 꼭 활용하고 싶다면, 여유자금의 범위 내에서 정기적으로 정해둔 금액만큼 사두는 이른바 '적립식 투자'를 권한다. 물론 이 경우에도 '계좌가 녹아 내린다'고 표현할 정도로 급락할 수 있다는 점을 염두에 두고 보수적으로 접근하는 것이 좋다.